新媒体传播的创新与探索

刘思遥◎著

文化发展出版社
Cultural Development Press
·北京·

图书在版编目（CIP）数据

新媒体传播的创新与探索 / 刘思遥著 . -- 北京 : 文化发展出版社，2024. 7. -- ISBN 978-7-5142-4397-0

Ⅰ . G206.2

中国国家版本馆 CIP 数据核字第 20246WR401 号

新媒体传播的创新与探索

刘思遥　著

出 版 人：宋　娜

责任编辑：袁兆英　　　　责任校对：岳智勇

责任印制：邓辉明　　　　封面设计：守正文化

出版发行：文化发展出版社（北京市翠微路 2 号　邮编：100036）

网　　址：www.wenhuafazhan.com

经　　销：全国新华书店

印　　刷：天津和萱印刷有限公司

开　　本：710mm × 1000mm　1/16

字　　数：200 千字

印　　张：10.75

版　　次：2025 年 1 月第 1 版

印　　次：2025 年 1 月第 1 次印刷

定　　价：72.00 元

I S B N：978-7-5142-4397-0

◆ **如有印装质量问题，请电话联系：010-58484999**

前 言

新媒体是利用数字技术、物联网技术、通信技术，以互联网、无线通信网、卫星等为传输渠道，再加上计算机、手机、智能电视等终端设备，达到满足用户信息储存要求、信息沟通要求以及信息传播要求的新型传播形态与媒体形态。新媒体是不同于传统媒体的，是在报刊、广播、电视等传统媒体之后产生和发展起来的新型媒体形态。

新媒体在整个媒体行业中所占据的地位，使其能够发挥出的作用越来越大，其价值也越来越高。当前快速发展演变的网络时代催生了新媒体，这在一定程度上突破了传统媒体的某些局限，促使传播方式更加灵活。首先，在新媒体的发展背景下，信息在传播过程中并不只是单纯地以文字的形式来进行传播，而是可以在其中适当增加一些图片、视频等。这样不仅能够丰富内容，还能够促使其实现多样化的发展。其次，由于受到新媒体发展的影响，利用手机或计算机等一些移动终端逐渐成为人们在日常生活中快速获取信息的有效途径。

新媒体需要有生命力。这主要依托先进的科技以及具有前沿性的不断创新的精神。能从迎合人们休闲娱乐以及获取信息的需求出发，并紧跟时代步伐，随时随地满足互动性表达需要以及更个性化、人性化地提供信息服务的新媒体才是有生命力的，新媒体的创新与探索将促进各个产业的提升和发展。

本书第一章为新媒体概述，分别介绍了新媒体的含义、新媒体的特征、新媒体与传统媒体的关系、新媒体对社会生活的影响四个方面的内容；本书第二章为新媒体传播，主要介绍了三个方面的内容，依次是新媒体传播的主体、新媒体传播的特征、新媒体传播的优势；本书第三章为新媒体传播的创新，分别介绍了三个方面的内容，依次是传统媒体传播的颠覆、新媒体传播的理论构建、新媒体传播的辩证思考；本书第四章为新媒体传播的探索，依次介绍了新媒体传播与数字技术、新媒体传播与文化、新媒体传播与艺术、新媒体传播与经济四个方面的内容；本书第五章为新媒体传播的发展趋势，主要介绍了三个方面的内容，分别是新媒体传播互动化、新媒体传播个性化、新媒体传播智能化。

在撰写本书的过程中，作者参考了大量的学术文献，得到了许多专家学者的帮助，在此表示真诚感谢。本书内容系统全面，论述条理清晰、深入浅出，但由于作者水平有限，书中难免有疏漏之处，希望广大同行及时指正。

刘思遥

2023 年 9 月

目 录

第一章　新媒体概述

在过去一百年，媒介技术的快速变化促进了社会进步，也带来了挑战。人类生活与信息传播的发展息息相关，如人类的家庭生活、政治、商业、宗教、教育、创新、国际关系等都被媒介产生的能量所影响。

20 世纪 90 年代，媒介技术的蓬勃发展使人类社会逐渐步入信息化时代，以网络媒体和手机媒体为代表的新媒体改变了传统媒体的传播模式，以其主体多元性、内容复合性、形式互动性、传播实时性等特性，使媒介环境发生着深刻的变化，同时新媒体也迅速地渗透到国家的政治、经济、文化等领域。

第一节　新媒体的含义

什么是新媒体？互联网、手机、户外媒体、移动电视、计算机游戏、只读光盘（CD-ROM）和数字多功能光盘（DVD）、虚拟现实（VR），这些都是新媒体吗？那么数字形式或者在网络上播放的电视节目呢？使用 3D 和数字技术制作的电影呢？还有图像图片、格式、文字说明等，它们在计算机上制作然后印在纸上，这算新媒体吗？

目前，世界上对新媒体的定义还未统一。美国的列维 · 曼诺维奇（Lev Manovich）认为新媒体不是任何一种特殊意义的媒体，它不过是一种与传统媒体形式没有相关的一组数字信息，但这些信息可以根据需要以相应的媒体形式展示出来。我国学者熊澄宇认为“新媒体是个相对的概念，例如，相对于报纸，广播是新媒体；相对于广播，电视是新媒体；相对于电视，今天的网络又是新媒体”。[①] 新媒体在特定时期具有相对稳定的含义，如纸质媒体、电子媒体和数字媒体。一般来说，新媒体指的是在 20 世纪末，依托于数字技术、信息技术、通信技术以及网络技术而发展起来的一种新型媒体，其中最具代表性的是网络媒体，新媒体

① 熊澄宇．中国媒体走向跨界融合 [N]．北京青年报，2003-08-18．

具有很强的交互性，突破了时空限制，具有即时性、传受一体性等属性。

新媒体也包括移动互联网、宽带互联网、数字电视网和广播网、电子计算机通信网、户外数字媒体等。从上面的实例中我们可以看到，对新媒体最通俗的认识是基于网络技术生产、发布信息，利用数字技术传播信息。因此计算机和网络就可以被视为新媒体，其具有传播文字信息的功能，如电子图书和新闻网页。虽然纸张也可以传播文字信息，但是它就不能被视为新媒体。同样，在计算机上浏览图片信息就可以被称为新媒体传播信息，在纸质图书上浏览相同的图片信息就不能被称为新媒体传播信息。

新媒体真正的含义非常复杂，远不是上述内容所能说清的。对于新媒体的含义，如今我们只是管中窥豹。媒介革命以数字技术和互联网技术为基础，使信息传播的方式发生巨大变革，信息的采集、加工、发布、传播都受到媒介革命的影响。如何利用数字技术和互联网技术采集、创造、储存、发布、传播信息，催生出了所谓的“新”媒体。这是我们理解新媒体含义的关键点。

在本书中，所谓新媒体主要包括以下两类：

第一，基于固定互联网的新媒体。

互联网是新媒体得以发展的基础技术，所有新媒体都依托互联网技术实现信息传播。基于互联网技术的新媒体与传统媒体最大的不同是信息传播实现数字化、不受时空限制以及信息存储量变得更大。以固定互联网技术为基础的新媒体主要有门户官网、网络视频和搜索引擎等，这些网络平台都支持用户上传和下载信息，实现了信息数字化和交互。

第二，基于移动通信技术的新媒体。

随着移动通信技术的不断发展，移动互联网为新媒体打开了新世界的大门，在移动互联网的支撑下，智能手机、平板电脑等移动设备成为最具传播效应的新媒体。依托于移动通信技术产生的移动设备具有超强的媒体功能，原本以固定互联网为基础的新媒体如今也可以在移动设备上进行信息传播，同时还催生出了微博、微信、移动手游、移动阅读等符合移动传播特征的融合媒体，这些媒体形式是典型的新媒体。新媒体推动了网络自媒体的发展，社会民众可以利用移动设备中各种信息发布客户端传播所见所闻、实现信息共享。用户可以将自己听到或见到的新鲜事、热点新闻通过抖音、微博、微信等客户端以文字、图片、视频的表现形式发布出去。现如今，抖音、快手、微博、微信是移动互联网上最具代表性的新媒体。

第二节　新媒体的特征

曼诺维奇曾经从数字技术的层面提出了新媒体的五个性质，包括以数字的方式展示、模块化、自动化、可变性和转编码性。对以上几点进行通俗意义上的解读，可以得知新媒体具有以下三个特点。

一、信息数字化

随着数字化传播技术的发展，新媒体的基础得以建立。新媒体具有信息数字化的特征，数字化技术参与了信息传播的每个环节，信息采集、信息加工、信息发布等，手机媒体、电视媒体、电子报刊等各种形式的新媒体都是基于数字化传播技术来传播信息。

二、自媒体性

新媒体颠覆了传统媒体单向传播的格局，开创了信息传播的新格局，实现了信息的双向交流。新媒体的出现，使网络平台上每天充斥着大量信息，受众可以自行选择想要接收的信息内容和方式。与此同时，受众也可以成为信息传播者，有发布信息的权利，也可以在新媒体平台上搜寻信息，普通受众也能体验信息反馈与信息重组的过程，这就是新媒体范畴中的自媒体。新媒体具有自媒体性，它为普通民众开辟出了一条传播信息的渠道，人们可以利用新媒体生产、加工、发布信息，同时新媒体还保证了民众信息的隐私性和公开性。

在自媒体时代，人们都可以表达自己的观点，并不存在一个有绝对掌控力的声音来号令四方。所谓的主流是相对的，并且主流可以演变为非主流，而非主流也可以变化为主流。每一个人都在从个人独立获得的资讯中，对事物做出判断，从而使新媒体传播带有强烈的个性化特征。

三、开放共享性

网络是新媒体传播信息的基础，网络超越了时空的限制，是一种遍及世界每一个角落的国际性媒体。互联网上的各种信息资源，基本上都是向公众开放的，网络成为人们获取和发布信息的直接平台，因此新媒体也具有开放共享性。人们在网络媒体上学习知识、交流沟通、获取最新信息。网络媒体是连接人与人、人与物的桥梁。网络新媒体环境下，信息共享更加便捷，人们进入网络的一刹那就已经在获取信息，网络新媒体使人们摆脱传统媒体的束缚，使每个人都有机会表达自己的观点。

第三节　新媒体与传统媒体的关系

新媒体同传统媒体的关系是传媒业界关心的重点，也是新闻传播学术界高度关注的问题。社会普遍认为，因新媒体的出现受影响最大、改变最多的就是传统媒体。一般而言，传统媒体指期刊、报纸、电台、电视几种形式，有时也会，将图书、唱片、电影等包括在内。人们认为，互联网、手机、网络电视（IPTV）、车载移动电视、楼宇电视等新媒体传播样式改变了受众的媒介接触行为，对传统媒体领域产生了深远影响。一方面，新媒体抢占了传统媒体的传播领域，对传统媒体产生了巨大影响；另一方面，新媒体也为传统媒体带来了发展机遇。

一、新媒体的冲击效应

（一）争夺话语权利

在传统媒体时期，报刊广电等媒体牢牢掌握了社会的话语权，任何人想要广泛传播信息、营造或影响舆论，必须通过大众媒体，新闻工作者“无冕之王”的美称也来自传统媒体对社会的广泛影响。这种对社会舆论、社会公众的巨大影响，在新媒体时代发生了巨大改变。新媒体的出现对传统媒体的话语垄断权利产生了影响，媒体生态的传播权、话语权得以被重塑。传统媒体的信息生产传播以传播者为起点以接收者为终点，是一种线性传播。这种传播模式是少数人对多数人的传播，信息生产的话语权掌握在少数媒体精英手里，他们设置社会话题、引导舆论走向、控制信息类型、垄断传播渠道。而互联网及新媒体的出现，使普通信息接收者也能够进行信息发布，并且可以不通过传统媒体发布信息，也能影响社会、引导舆论。这样，新媒体为社会公众提供了话语平台，同时也赋予了公众话语权。普通人的话语表达虽然往往具有复杂性、多变性等特点，但也体现了当代社会的基本价值观念，形成了社会主流价值观的传播。

新媒体对传统媒体的影响除了体现在传播渠道和方式的改变，还体现在新媒体一定程度上影响了传统媒体的内容生产。新媒体的内容生产不再遵循固有的传统思维逻辑，内容生产拥有了很大的自主性，并且更加贴近平民的趣味和喜好，更加符合普通民众的眼光和价值。

新媒体是制造碎片化内容、微传播内容的行家。它改变了传统媒体深度报道的形式，限制了内容生产的深度性。新媒体的出现降低了传统媒体的内容生产能力，一方面，新媒体抢占了传统媒体的内容资源。新媒体传播的门槛与成本都比较低，传统媒体的内容资源有很大可能逐步流向新媒体。另一方面，新媒体重构了传统媒体的内容价值，新媒体传播的信息内容可以不再讲究舆论的引导，甚至部分新媒体内容生产者不再看重媒体的责任，这也引致社会的一些批评和担忧。

（二）削弱把关人的作用

在传统媒体时期，“把关人”是非常重要的角色，这一角色负责对新闻信息进行选择与判断，关系着新闻价值的选择。“把关人”又称“守门人”，是指那些在新闻媒介系统中居于重要地位的决断者，既可以指个人，如信源、记者、编辑等，也可以指媒介组织，如报社、电视台等。他们依据既有的价值倾向或者经验对信息进行筛选和过滤，保证传播给受众的信息是正确及适当的。而新媒体时代，传统媒体“把关人”的角色不再像以前一样重要，信息传播的自由度得到了空前提高，信息传播容易带有感性色彩，一定程度上助长了非理性思潮。表现在社会层面，则是新媒体传播中冲突性以及情绪性的舆论容易导致各种事端。

（三）挑战传统媒体的广告收入

广告收入是传统媒体生存发展的重要依仗，一般来说，一个没有可靠财政来源的媒体，每年吸纳的广告费如果低于全年经费支出的 50% 就很容易面临财政问题。发展态势越好的媒体，广告的吸纳能力越好、吸纳比例也越高。随着新媒体的迅猛发展，新媒体成为广告的新载体，瓜分了传统媒体的市场份额，传统媒体的影响力降低后，广告的吸纳能力也随之降低。对于受众而言，传统媒体的广告是硬性的，而新媒体广告是软性的。对于广告主而言，传统媒体的广告像农田的漫灌，追求覆盖面，费用较高、效率相对较低；而新媒体的广告总体费用低，而且投放精准，效率较高。这种结果导致越来越多的广告主把广告投放的重心转移到新媒体领域，这给传统媒体带来了一定的挑战。

二、传统媒体的转型升级

新媒体打破了传统媒体的生存格局，对传统媒体的发展带来了一定挑战，但传统媒体并未从此退出历史舞台。反之，传统媒体利用自身巨大优势，直面新媒体时代，积极应对随之而来的变化。近年来，传统媒体提出了多种主张，力图采取措施以多种方式进行自我改变，来适应新媒体时期的不同要求。传统媒体根据自身优势和特点，主要抓住内容、渠道、终端三点，主动向新媒体延展，力图打造出跨界与混搭的新媒体样式。传统媒体希望与新媒体以媒介融合为核心，实施全面转型升级，开创全媒体发展的新局面。

（一）广播电视：社交化之路

媒介融合是近年来传媒界频繁使用的一个词语。美国传媒学者尼古拉斯·尼葛洛庞帝（Nicholas Negroponte）于1978年首次提出媒介融合这一理念，并推断出版业、广电业和计算机网络这三个领域将在未来实现融合，而现在这三个领域确实如他所推断的一样实现了融合。

在媒介融合不断推进的情况下，三网融合的主张被不断强化，即电信网、广播电视网和互联网的融合。电信网、广播电视网和互联网本来是三个不同形态的、为了自身发展需要而兴建的网络系统，兴建之初，三者相互之间并没有直接关系，但是网络和新媒体的发展改变了这一切，在新媒体的冲击下，电视也需要“上网”，具体做法是在媒介融合的基础上，打造社交电视，实际上是将社交媒体如微信、微博、抖音等嵌入电视端，实现主动体验与被动观看的有机结合，使电视具有社交功能。社会电视是指在观看电视的情况下，支持通信和社会交互的所有科技，可以对与电视有关的社会行为、设备和网络进行研究，具体体现为电视的智能化，电视除了不能移动外，具有移动端的所有功能，甚至还拓展出新功能，如在电视上实现大屏微信视频通话、观看网络新闻等，另外，电视还开发了投屏功能，将所有信息大屏化显示，为人们带来了更好的视觉体验和社交体验。

在社交电视上下载社交媒体如微信、微博等，实现电视内容的社交化传播。在网络终端的支撑下，网络和视频的提供者（如电视）之间的协作，不仅可以向用户提供电视签到功能，还可以将签到的状态与第三方平台进行共享和传播。社交电视以其丰富的科技终端为基础，打造智能化的观看体验，重塑着人们的生活方式，改变了人们对电视的看法。社交电视已经有完善的产业结构，信息提供者、平台运营商以及广告商都处于产业结构之中，发挥着各自的作用。

（二）报业：融合式生存

随着新媒体的蓬勃发展，传统媒体面临着巨大挑战。报业是第一个察觉到危机并试图进行变革的传统媒体行业。随着媒介融合理念的提出，“纸媒贬值论”“纸媒边缘论”“报纸消亡论”等观点不断涌现。在《正在消失的报纸：如何拯救信息时代的新闻业》这本书中，菲利普·迈耶（Philip Meyer）指出：“新闻报纸一直以缓慢却稳定的速度流失着读者。”[①]

报纸面临的挑战很多，主要有报纸销量下降、报纸读者减少、面临数字化困境等。也有学者认为，报纸媒体独有的物理及传播特性是其他媒体一时无法替代的。第一，报纸仍然具有权威性；第二，报纸具有史料性；第三，报纸具有思想性；第四，报纸具有地域性。

报纸的这些特性，很大程度上来自其历史惯性，习惯阅读报纸的读者不愿意迅速改变自身的习惯。老读者可以使报纸继续存在，但报纸不能坐视自己成为老年用品并最终消失，让青年一代养成读报的习惯是报纸关注的头等大事。让青年一代爱上读报需要依靠报业的数字化，为了促进报业的数字化发展，报业在多年实践中总结出以下几条准则：①发挥报业优势，坚持内容为主。②满足读者需求，坚持受众为本。③提高社会影响，打造品牌价值。④积极转型升级，坚持媒介融合。媒介融合促进了新闻传播业务的全面变革，产生了融合新闻，又称为多样化新闻，它是当前新闻传播领域的主流。

（三）期刊：数字化发展

美国道琼斯公司的波纹理论从整体上提出了信息资源管理的理念，“一个新闻事件发生，就像把一块石头投进水里，会产生很多波纹，一个波纹一个波纹地扩散开，就像新闻的影响面会迅速放大。道琼斯公司可以把这个新闻通过道琼斯通讯社、《华尔街日报》（网络版）、美国消费者新闻与商业频道、道琼斯广播、《华尔街日报》等七种不同的媒体卖七次”[②]。以《家庭》杂志为例，该杂志通过互联网多个载体进行转载传播，在资源共享的基础上，较成功地利用不同类型媒介的内容差异，生产出个性化的产品来满足不同受众的需求。它有手机版、多媒体版、语音版、网络版、博客版，可实现信息资源的全方位挖掘和价值的再传播、再利用。在实践新闻波纹理论的基础上，新闻产品链也由此形成。

从某些方面看，新媒体为期刊的发展提供了难得的机遇。数字技术的发展为跨媒介之间的融合、合作提供了技术支撑和保障。数字技术能够借助专门的设备

---

① 迈耶．正在消失的报纸：如何拯救信息时代的新闻业[M]．张卫平，译．北京：新华出版社，2007．

② 郑强．从传统报业到全媒体的探索之路[J]．传媒，2008（10）：37—39．

将各种信息片段，包括视频、文字以及声音等转化为电子计算机所能够识别的二进制数字，通过在网上处理、传送和压缩，打破了以往不同传媒之间的技术阻碍而被整合成为单一媒介①。在此语境下，媒介融合可以进行各种形态的信息传播，报纸、期刊、网络、广播电视等媒介可以互相渗透与联动。麦克卢汉（McLuhan）也早已预见到媒介融合的这种混杂特性，他把它称为一种“内战”，其中“媒介的交错或混杂释放出新的、巨大的力量和能量，如同核裂变、核聚变产生的一般”②。可见，跨媒介间的力量是惊人的。数字化期刊是媒介融合的产物，它改变了传统期刊的形式，是音频、视频、数码图片、文字符号等多媒介形式的整合，数字化期刊是一切媒介的延伸。

大媒体运营观念出自媒介融合所引发的一系列后续反应，大媒体产业时代背景下，产业融合推动产业结构转型，传媒行业必须立足新的高度进行整合和重组。从社会角度来看，新一轮的产业革命悄然发生，媒介产业融合就是产业革命开始的标志，媒介产业融合使媒介产业结构，发生变革，媒介产业的资源配置和整合方式也在不断更新，并催生出新的经济增长点。

期刊业打破了原来形式上的桎梏，开始与其他传统产业相融合，数字化期刊因此出现，而数字期刊的主要内容是其他传统产业信息资源的集合。有学者表示：“准确地说，我们传统媒体在未来的定位应该是内容的经营者。不单单有内容，还要经营内容。不但有资源，还要把这个资源变成一个产品，变成产品以后，要把它经营好。经营的话，不单单是销售的问题，还有多种产品的开发，多种开发的销售，然后实现我们复合性的生活。”③数字化期刊走向产业化、集团化和品牌化是它的必然发展趋势。它由单一产品发展为多介质、多媒体产品，并利用品牌优势资源向相关产业延伸。融合新闻有演变成一种独立运行、流程完整、操作规范的新闻生产模式的可能。

三、媒介融合：传统媒体的最终选择

在《媒体实验室：在麻省理工学院创造未来》一书中，尼古拉斯·尼葛洛庞帝为媒介融合绘制了一张蓝图。他以三个圆分别表示印刷、广播和计算机的科技界限，并指出三个圆相交的地方，是最具发展潜力、最具创造力的区域，且印刷、

---

① 吉登斯．社会学[M]．赵旭东，等译．4版．北京：北京大学出版社，2003．

② 霍洛克斯．麦克卢汉与虚拟实在[M]．刘千立，译．北京：北京大学出版社，2005．

③ 吴海民．媒体变局：谁动了报业的蛋糕？[J]．中国报业，2005（11）：23—32．

广播、计算机三者在发展过程中不断地重叠与融合。在他的观点中，媒介融合就是将计算机与网络技术相结合，以终端与网络为载体，传送数字信息，从而实现不同媒介间的互换与互联。美国佛罗里达州坦帕市“媒体综合集团”的经典案例，代表着人类从真正意义上迈出了媒介融合的跨时代步伐。

（一）媒介融合的界定

对于媒介融合概念的界定至今没有定论，比较具有代表性的是美国新闻学会媒介研究中心主任纳齐森（Nachison）的观点，他认为媒介融合是指：“印刷的、音频的、互动性数字媒体组织之间的战略的、操作的、文化的联盟。”[①] 此定义更多是指各个媒介之间的合作和联盟。另有观点认为，媒介融合是分层次、分阶段进行的。第一层次是媒介互动，即媒体战术性融合；第二层次是媒介整合，即媒体组织结构性融合；第三层次是媒介大融合，即不同媒介形态集中到一个多媒体数字平台上。

有学者对媒介融合进行了分类，提出了融合连续统一体的概念，界定了融合新闻的几种模式，包括交互推广、克隆、合竞、内容分享和融合五个方面。美国学者把媒介融合认定为一种能力，“一种可以通过报纸、电视、广播、网络、个人数字助理以及其他一切可能出现的信息平台进行信息传递、广告售卖的能力”。

融合一词在不同传播语境下可以表达多种不同含义，即媒体科技融合、媒体所有权合并、媒体战术性联合、媒体组织结构性融合、新闻采访技能融合和新闻叙事形式融合。

在传统媒体和新媒体由对抗冲突走向互相融合的过程中，受诸多因素的影响，媒介融合成为媒介发展的必然方向，这些因素包括媒介市场分类越来越精细、社会分层越来越清晰、新媒介形式越来越多样、媒介功能越来越多元、跨媒体所有权即将实现。媒介融合以互联网技术和数字技术为支撑，根据受众的需求，提供立体式传播体验。

（二）传媒从业人员的媒介融合素养

媒介融合使传媒生态发生了巨大的变化，进而重塑媒介文化，也使人类适应了更加多元的文化生活环境。与此同时，传统媒体与新媒体的强强联合，加快了信息更新的速度，优化了信息内容，使更多优秀的信息创作者在媒介融合背景下能够共享优质信息，这就要求编辑和记者等媒体工作者具备较高的媒介素养。

---

① 刘颖悟，汪丽．媒介融合的概念界定与内涵解析 [J]．传媒，2012（1）：73—75．

对于新闻记者来说，媒介融合意味着他们不仅仅是报社、电台的记者，还要成为拥有综合采编信息能力的记者。媒介融合给他们提供了更多的展示空间和更多的选择机会，让他们能够多充分发挥自己的才华。记者应在媒介融合潮流中，提高自己的综合实力，让自己能够利用不同媒体形式在不同的展示平台发挥作用，在采集和传达新闻事件的过程中，能够综合运用多种媒体技术。

媒介编辑的思维是各种思维方法的综合，具体来讲是发散思维与聚合思维的中和，是线性思维与非线性思维的融合，是静态思维与动态思维的互补。数字化编辑需要借助各种手段，如筛选文稿、完善版面、合理运用搜索引擎和网络论坛等手段优化媒介议程，满足公众的信息及内容需求。此外，编辑内部之间以及和其他团队之间的合作变得更加重要，在内容和形式方面，都要适应媒介融合时期的要求，要有多向思维、独特视角、新颖创意，才能被受众认可。融合媒体时代的合作不仅是记者与编辑的合作，也不仅是作者、读者、广告商、发行者等相关人员的密切协作，记者、编辑、作者还要与社会和市场紧密联系，不断地进行协商和适应。

总之，今后的融合媒体必然更加个性化、精准化。如果内容决定论继续成为新媒体时期媒介信息生产的基本规则，编辑就仍然是媒体运作过程中中至关重要的角色，编辑对浩如烟海的信息进行过滤、聚合和整合，以实现对新闻资源的最大优化。无论是记者还是编辑，都要在大文化、跨学科视野中锻炼全方位、立体式的思维方式，充分利用多媒体传播手段和渠道，生产出更具多样化、个性化的优质新闻产品。

（三）推动媒介融合的措施

媒介融合这一概念最早是由美国马萨诸塞州理工大学的伊契尔·索勒·普尔（Ithiel De Sola Pool）提出的，其本意是指各种媒介呈现多功能一体化的趋势。媒介融合促进了传媒产业的国际化发展，反过来，传媒产业的国际竞争又成为推进媒介融合的动力。除了市场竞争因素，数字技术和网络技术的革新，受众即时化、多样化的信息需求，以及政策法规的保护，都是促进传统媒体与新媒体媒介融合的重要因素。

媒介融合是一个动态的过程，涉及传媒形态、生产结构、传媒体制乃至社会生活和经济生活的变化。电子杂志、手机电视、互动电视等或许都只是媒介融合的暂时形态，我们难以对未来的媒介做出准确的预测，但面对这样的大趋势，我们必须对传媒各方面的发展提出新的要求，以迎接媒介融合带来的机遇和挑战。

1. 加强技术革新

加强技术革新是促进媒介融合的最大动力，保罗·莱文森（Paul Levinson）的补偿性媒介理论①认为，人们选择的任何一种后继媒介，都是对过去的一种媒介的某一种先天不足的功能的补救和补偿。比如，广播是对报纸的补救，电视是对广播的补救，互联网则综合了对报纸、书刊、广播、电视等媒介的补救。我们可以看出，这些补救的过程实际上是传播技术不断叠加和发展的过程。互联网作为目前媒介的终极形态，必将促进传统媒体和新媒体的融合，而打破所有技术阻碍是未来所有传播形态出现的基础。

2. 进行资源整合

媒介融合实际上是资源整合的过程，是人力、物力、技术、设备、信息的融合。传统媒体要利用好隐藏在新媒体背后的前沿技术，增强其交互性，拓展传统媒体的其他功能。同时，新媒体可以从传统媒体中吸纳信息资源，丰富自己的信息库。这种媒体的互动升级，不仅大量节约了产业成本，而且相互弥补，为传统媒体和新媒体合作赢得更大的市场创造了条件。另外，媒介融合的趋势要求我们加强对广告资源的整合。

3. 加强法律法规建设

产业融合是新生事物，媒介融合打破了原来产业的规律，针对单项产业的法律已不适应媒介融合的新形势，有许多国家为促进媒介融合制订了相关法律。如美国《1996 年电信法》取消了长期存在的对同一市场上电视和电台进行新的合并的禁令，并允许电信业和有线电视业可以相互进入，我国也开始了加强媒介融合相关法律法规建设的历程。

4. 构建新型人才结构

媒介融合、新闻融合的趋势，对新闻从业人员提出了新的要求。“媒介融合需要两种新型人才：一种是能够在多媒体集团中进行整合传播策划的高层次管理人才，另一种是能够运用多种技术工具的全能型记者编辑。”②另外，要着重培养其符合媒介融合趋势的新思维方式，构建新型人才结构，使这些人才能够适应不同媒体的信息传播要求。

媒介的发展不是一种媒体取代另一种媒体的过程，而是新旧媒体形态互相叠加，功能互相融合。媒介融合已经成为现实，是媒介发展的必然趋势，传媒的边

① 莱文森．新新媒介 [M]．何道宽，译．上海：复旦大学出版社，2011.

② 蔡雯．媒介融合视野下的报业转型：从西方著名报纸的变革谈起 [J]．新闻传播,2007 (11)：8—10.

界将逐渐变得模糊，各种媒体互相融合，共同壮大传媒产业，我们必须在各个方面做好准备，迎接媒介融合时代的到来。

（四）我国传统媒体与网络新媒体融合的探索

1995年10月20日，中国传统媒体《中国贸易报》最早“触网”。1996年广东南海音乐台、广东人民广播电台等率先开办了网上节目，1997年，中央电视台通过网上视频开始播出部分节目。1998年12月31日，上海电视台与中央电视台合作首开大型活动网上视频直播先河，但由于带宽的限制，当时能够欣赏到网络直播的人寥寥无几。网上广播到1999年后才在互联网络上崭露头角，到2002年底，全国有近200家广播电台在互联网络上开办了网络电台或实现广播节目网络播出。报纸、杂志、广播电台、电视台纷纷上网，进入了中国网络媒体发展的初级阶段。

传统媒体一直努力与网络融合，从一开始设置的网站无独立域名、信息只有单一文字、无多媒体呈现、不能定时更新、信息缺少交互、无数据查询功能，到后来传统媒体官方网站广泛采用独立域名、使用多媒体信息、定时更新、增强网络交互、传统媒体的品牌化和独立性越发突出，甚至融入与网络相关的多种服务功能，传统媒体的挣扎非常剧烈，但随着时间的推移，大家发现，无论是在被关注度、传播影响力，抑或在广告经营等方面，有些传统媒体的网络化尝试不同程度地陷入了困境。部分报纸关停，一些电视台栏目停播。

传统媒体从业人员流向网络新媒体，也是其数字化转型面临的一大难题。曾是中央电视台《新闻调查》执行制片人的刘春2012年5月加盟搜狐公司；曾供职《南方周末》《南风窗》的资深记者陈菊红2007年后加入腾讯网；曾在《东方时空》《焦点访谈》《新闻调查》栏目中任记者和编导的王利芬现为优米网创始人兼首席执行官；人才流失加大了传统媒体数字化转型的难度。

移动互联网自2010年之后走上了迅猛发展之路，依托于移动互联网技术的新媒体也自此成为现代信息传播的主流形式。在腾讯公司推出微信、QQ等社交软件后，传统媒体马上将其作为传播信息的标准配置投入使用，有的媒体甚至同时运营了十几个微信公众号，加大信息推广力度。但是，它的核心发展理念仍然是传统媒体为体，新媒体为用，这是治标不治本的“+互联网”行为。我们可以做一个对比，截至2013年3月，《南方都市报》新闻应用程序（App）有11万的用户量，而2013年5月腾讯新闻App的装机量却是2亿。传统媒体新闻客户端走的是内容驱动路线，网络媒体新闻客户端走的是技术驱动路线。没有信息传播的渠道，“酒香也怕巷子深”，传统媒体新闻客户端优质的内容难以传达给受众。同时，如腾讯、新浪、搜狐、网易、今日头条等，以网络技术为核心支撑的商业网络公司对媒体传播业务的介入结果要远远优于传统媒体对网络新媒体的拥抱。

仔细思考，商业网络公司对传统媒体施以影响可分成三大阶段：一是网络这种全新传播介质出现，数字化、即时传播和海量链接的技术影响了传统媒体的垄断地位，但商业网络公司没有新闻采访权，所以它们还得向传统媒体支付费用以获取一手内容的版权，这个阶段传统媒体的主流地位还是不容置疑的。二是网络公司大量的用户原创内容出现，传统媒体的客户被新媒体吸引，广告也随之被分流到了新媒体，传统媒体的商业模式根基受到影响，“泛媒化”直接影响市场份额。三是由于智能终端设备在大众中的普及，受众利用碎片化时间获取信息的力量最大限度地发挥出来，商业网络公司对传统媒体的依赖持续减弱，这是巨大的改变。

传统媒体与新媒体的互相融合，不是简单的技术叠加和模式延伸，而是根据互联网的运营逻辑操作，一切内容生产和营销都要按照网络规则进行。传统媒体更是要依托多年来积攒的品牌影响力以及自身独特的新闻视角，深入地理解新闻，坚持凸显自己的专业性和原创性。与此同时，传统媒体也要根据时代发展迎合用户的多重需求，改变思维理念，从内容运营发展到以产品、服务为中心，更好地适应新媒体时代的需求。

第四节　新媒体对社会生活的影响

一、大众生活方式改变

（一）新媒体与教育

互联网的各项功能和作用最初很大程度上就体现在教育方面，互联网对远程终端的访问功能可以帮助全世界不同地区教育科研机构进行信息沟通交流，为教育提供了极大的便利。事实上，网络以及新媒体的迅速发展推动了教育科研的发展，而教育科研的发展又促进了网络新媒体的进步。

互联网时代各种远程教育的方式打破了以往面对面授课的地域限制，使人们可以最大限度地突破时间和空间的局限，共享教育资源。同时，人们通过电子邮件、各种社交工具与专业人员交流，也能够极大满足不同的求知欲望。在知识共享的同时，基于互联网的创造性学习被提上日程。互联网时代，学习者不能仅仅满足于获得一些固化的知识，还必须用创新性思维与网络接轨，为网络贡献自己的智慧，同时，多种方式交汇的混合式教育日益受到欢迎。

但是，网络及新媒体时代带给教育的影响具有两面性。早在 20 世纪 70 年代，美国学者菲利普 · 蒂奇诺（Phillip Tichenor）等人就提出了知识鸿沟理论的假说。[①] 当然，知识鸿沟、信息鸿沟以及数字鸿沟等理论的提出，提示我们在网络和新媒体时代，在各种信息资源高度丰富、高级共享的条件下，由传播技能、知识储存量、社交范围、信息选择等差异所带来的信息不对等、信息资源占有不均衡的问题，有可能进一步拉大人们之间信息流的不对称。

（二）新媒体与伦理

1. 个人隐私

个人隐私是指在私人生活中，不希望被公众或他人所知道的私人信息。在当今社会，个人隐私作为一项十分重要的民事权利，受到包括道德、法律、规章在内的各类社会规范的保护。隐私权是自然人享有的对其个人的、不涉及公共利益的个人信息、私人活动和私有领域进行支配的一种人格权。

个人隐私包括个人身份信息，如姓名、性别、出生日期、住址、电话号码、银行账号、密码、QQ 号、微信号等；个人生活信息，如生理数据、身体状况、职业职务、爱好、经历等；个人社会关系信息，如家庭、亲属、朋友、同乡、同事等。

在网络及新媒体条件下，在有信息社会之称的现代社会中，我们不仅能够高度共享各类公共知识和公共信息，也很容易接触和了解到个人的各类隐私信息。一方面，这是各类信息高度重合、高度共享的自然结果；另一方面，这也是部分机构及个人恶意利用网络的便利，为获取非法利益，故意收集、窃取、盗用及散播他人隐私的结果。我们有必要建立和完善各种切实有效的法律和行政措施，建立健康的网络空间，使每个社会成员都能够在个人隐私得到切实保护的基础上，充分享受信息社会的便利，共享新媒体带给社会生活的全新变化。

2. 人肉搜索

人肉搜索是网络社会建设和发展过程中出现的一种社会现象，是网络社会里有关个人隐私问题的典型事例。人肉搜索是利用因特网，对搜索引擎提供的信息

---

① 郭庆光．传播学教程 [M]. 北京：中国人民大学出版社，2002.

进行人工逐一甄别的方法，也有一些是利用匿名知情人员提供的方式来收集资料，以此来寻找某个人或某件事情的内幕。人肉搜索作为一种被大众所熟知的技术手段，它与一些网络热点现象相伴而生。据悉，最出名的人肉搜索网站当属猫扑网，这是一个类似于百度搜索的问答网站。在猫扑网上发布的问题，会得到社会各界人士的回应，集合所有网友的力量，去查找一个事件的内幕或者一个人的隐私，然后公之于众。人肉搜索确实为揭露事实真相、揭发丑恶现象，甚至为反腐倡廉、维护社会正义提供了实际帮助，但也产生了普通公民个人隐私被别有用心之人挖掘散播的现象。人肉搜索的两面性引发了社会的争议，人们在认可其积极作用的同时，也希望能够通过一系列社会管理手段对其加以约束，这样既能继续发挥其积极作用，也能防止对普通公民个人权益造成损害。

3. 网络匿名性与信息失真

网络建设初期，人们刚开始接触网络往往会感受到匿名身份带来的轻松和自由，这时人们关注的是网络将如何实现更多信息的充分共享，即信息传播如何突破现实社会的既有约束。

这种网络空间的匿名性往往使信息发布者摆脱现实身份的约束，获得新的感受，也使得网络文化更容易带有消解权威、消解传统规范的鲜明特色，但是网络空间个人身份的匿名性客观上也造成虚假传播及不良信息泛滥的状况。这些信息的失真现象，一部分来自信息发布者自身的局限性，如主观臆测、片面夸大、情绪化等；另一部分来自信息发布者主观的恶意性，如故意曲解事实、无中生有、哗众取宠等，容易给网络用户带来负面印象。

我国当前正在推进落实的网络实名制，很大程度上是针对这些不良现象，但是只靠实名制难以完全解决网络信息失真的问题。实际上，在现实生活中个人社会身份高度明确清晰，社会行为规范完整严格，但往往还会出现流言盛行、真相不明等状况。因此，要解决网络空间信息失真现象，还需要社会各界通力协作，制定综合性的措施方法。

4. 网络知识产权

网络建设的初衷是全人类信息的充分共享，而共享一直是网络精神的主要内涵之一。人们在网络空间自由使用各类信息，客观上也确实促进了网络的发展、社会的进步、知识的普及和文化的沟通。但是，信息的免费在一定程度上是矛盾的，尤其随着网络及新媒体的迅速发展，网络建设也从普及初创阶段进入规范完善阶段，各种新媒体艺术作品的创作、电子商务活动中对版权及商标专利权益的保护，客观上也是网络及新媒体发展的现实需要。我们应该切实完善法律法规体系，有效保护网络空间的各种知识产权，打击违法犯罪行为。同时，也应尽早形成尊重知识产权、合理付费使用信息的良好行为习惯，创造更有创新性、更有生长活力的网络新媒体世界。

（三）新媒体与文化

如今我们所生活的社会是一个经济社会，受经济与科技发展的推动，传统的大众传媒开启了分众传播之路。在信息发展背景下，媒体资源必然会参与竞争。不同的媒体形式将在合作与竞争的运行模式中重新排列组合，这是各类媒体市场产生的根本原因，也是多种信息传播方式产生的前提条件。面对消费者日益增多的个性化需求，新媒体采取措施迎合这些需求，实际上是在满足受众的某种权利。

现代社会本质上是一个以市场原则为导向的经济发展、物质丰富的世界，同时，人们的精神需求和文化需求很大程度上也是通过市场机制被满足的。新媒体便捷的多媒体终端或移动终端使消费文化符号刺激现实世界，促进大众文化消费的繁荣。也可以说，这种新媒体时代的大众消费文化是一种符号文化，一种复制文化。

二、政治服务信息公开

网络新媒体如手机、计算机的普及，使信息传播范围更广泛、信息传播速度更快捷、信息传播方式更多样、信息传播内容更丰富，人们每天能接触大量的信息，这也使得人们建立起社会信息平等意识。

传统大众传媒在信息传播中存在着的不平等现象，新媒体的出现使普通信息受众的地位得以提高，新媒体时代，普通受众不仅能对信息发布者提出反馈意见，而且还可以充当信息发布者，这体现了信息平等的理念。在我国，人们普遍认为，信息平等是实现政治文明的必要条件。人民享有的民主、自由权建立在信息平等的基础上。

在新媒体的助力下，政府公共信息能够以公开透明的形式传播，我国公民可以借助网络查询到相关的政务信息，同时政府部门也开通了意见信箱，公民可以将自己的疑问和意见信息反馈给相关的政府部门，新媒体为政府和公民提供了有效交流的渠道。另外政府将相关政务信息发布到新媒体平台上，方便公众获取最新政务信息，这体现了政府以人为本的执政理念。

新媒体的社会环境监测功能与社会协调作用，对国家政治发挥出越来越重大的影响。由于新媒体打破了传统媒体对大众传播渠道的垄断，其对于民意的汇集和反映具有前所未有的敏捷性，尤其是进入自媒体和大数据阶段后，这种对社会意见及民众声音的汇集反映，往往变得更加迅速。对于社会治理和社会管理来说，这种状况具有比较显著的二重性，政府需要加强对新媒体使用的重视，努力使新媒体对现实政治发挥正面影响力。

纵观国内外事件，新媒体对政治的影响力正在不断增强，包括国外的竞选活动、立法行为等，都广泛利用网络及手机媒体等各种手段。在国内，一方面，政府通过主动搭建公共信息平台来了解百姓对一些重大事件的看法、意见；另一方面，政府也通过新媒体进行政府思想的宣传。目前，党政机关普遍开设官方微博、微信，着眼于新媒体的社会功能，努力使新媒体在促进政治治理行为公开、透明、有序的发展过程中发挥积极作用。

三、相关信息产业发展

新媒体使现代企业和新媒体等信息产业得到了发展。

通过计算机网络形成的电子商务的体系结构，就是新媒体的相关信息产业之一，它在市场营销中架设出了一条从商品生产者直通消费者的信息高速桥梁，使得传统市场销售结构发生巨大变化。以淘宝及京东为代表的电子商务公司就是大家熟悉的典型代表，它们一方面颠覆了传统的商业体系，另一方面极大地促进了社会消费，带动了社会经济的发展。

积极运用各种新媒体手段开展品牌塑造及市场营销行为是新媒体产业发展的主要表现。传统条件下，商品生产者主要依靠大众传媒进行广告宣传、营造品牌形象，这种方式成本高、效率有限。新媒体时代，厂家纷纷开设网页、官方微博、企业微信公众号等，利用大数据手段，对潜在客户进行精准营销。这种趋势不仅极大地改变了传统市场营销模式，也提高了企业营销的效率。

同时，在购买支付行为方面，也以新媒体产业的发展为依托。基于电子金融手段和商务网络终端技术的逐步完善，电子支付成为人们生活中更加方便的方式。生活中广泛应用的支付宝及微信支付，就是这种方式的典型代表。

总之，作为一种传播介质与传播手段，新媒体对新媒体产业本身及相关信息产业带来了巨大的经济效益。

第二章　新媒体传播

技术的进步促进了媒体与传播的革命性变化，以往因媒体差异带来的传播方式区分在网络新媒体时代失去了意义。网络与新媒体融合了语言、文字、印刷、出版、电影、广播、电视等媒介形式，构建出了一种媒介融合的传播形态。本章介绍了新媒体传播的主体、特征以及优势。

第一节　新媒体传播的主体

一、国家及国际组织的新媒体传播

（一）主权国家的新媒体传播

1. 新媒体与传播控制

传播控制是国际传播学中的一个重要概念，是指传播者以某种手段限制外界信息输入，以知识垄断实现对传播的控制，并通过国际传播手段输出意识形态和各种信息，以实现信息传播。随着科技的进步，新媒体被广泛用于国际传播领域，受新媒体影响，国际传播方式发生了巨大改变，即主权国家在国际社会中的作用减弱，国际组织和个人在传播中的作用日益凸显。但是，这一过程并没有从根本上改变主权国家在国际上的主导地位，而更多地体现为发达国家约束国际化的本国新媒体组织，并通过后者间接推行其国际传播战略。

这种间接控制方式配合信息自由流动话语的合法化，使得有些国家在维护本国信息主权、限制外来信息方面受到更多限制。正如尼葛洛庞帝对互联网的评价："一个个信息包各自独立，其中包含了大量的信息，每个信息包都可以经由不同的传输路径，从甲地传到乙地……无论是通过法律还是炸弹，政客都没有办法控制这个网络。"[①] 因为互联网信息流动方向的极度不平等，可以认为尼葛洛庞帝笔

① 尼葛洛庞帝．数字化生存[M]．胡泳，范海燕，译．海口：海南出版社，1996．

下的乌托邦不过是将控制权从主权国家的政府手中转移到巨型互联网巨头手中而已。福特纳（Fortner）就认为，“将信息提供给无法得到信息的人，也是实行社会控制的一种手段”。①

同时新媒体具有传播范围广、渗透性强的特点，这将有助于将信息直接作用于目标受众个体，对其造成一定的影响。传统媒体单向传播信息的方式使外国受众只能被动地接受和观看信息，无法反馈或表达自己的观点，并且容易使受众从内心深处产生距离感。新媒体具有很强的交互性，其他国家的受众不仅能接收信息，也能发布信息，在这个交互过程中，受众获得了参与感，消除了距离感。看似中立的新媒体平台其背后的控制力量也仿佛消失不见了。一些国家的内部体制建设不完善，增强了新媒体的不可控性，使得针对这些国家的新媒体传播更加容易。

2．新媒体与话语权博弈

新媒体给人们的交流带来了极大的方便，而在信息传播渠道的过度使用中，知识成为左右国际博弈胜负的重要因素。新媒体的普及，使信息在世界范围内得到了更大范围的传播。伊尼斯（Innis）认为，知识垄断是统治形成的根本原因，而新媒体比传统媒体更有利于实现知识垄断”。②

在基建方面，新的传播方式并没有实现平等。事实上，在发达国家中，由于新媒体的广泛使用，交流变得更加平等和公开，但在国际社会中就不一样了。只有付出较高的社会成本，才能实现平等的社会信息机制，南方国家与北方国家之间的差距与日俱增，而新媒体技术需要更多的高新技术和资金支持，所以南方国家在话语权博弈中胜出的概率更低。在信息基础设施建设方面，只有几个资金实力雄厚的国家出现来了所谓的后发优势，而部分国家经济实力仍需提升，没有成熟的新型传媒设备，缺乏自主研发的先进技术。

不过，新媒体确实拓宽了信息交流的渠道，为欠发达的国家提供了一个良好的契机，使其在国际交流中处于劣势地位的状态得以改变。为了达到这个目标，欠发达国家应做到三点：第一，学会利用发达国家的媒体发出自己的声音；第二，加紧建设自己的新媒体国际传播体系；第三，最重要和最根本的一点，是加强自己的知识生产能力建设，在知识的基础上，通过新媒体传播打破知识垄断。

---

① 福特纳．国际传播：全球都市的历史、冲突及控制[M]．刘利群，等译．北京：华夏出版社，2000.

② 伊尼斯．帝国与传播[M]．何道宽，译．北京：中国传媒大学出版社，2015.

3. 新媒体与文化地缘政治

在媒介发展史上，广播、电视、网络等媒体形式相继涌现，并不断发展与融合，传播呈现出流动性、平等性、即时性、公开性、融合性等特点，并具有多种表现形式，如微博微信、数字电视、手机电视等。新媒体在信息传播方面具有许多优势，媒介便携性是其中之一，最显著的优势是移动媒体（如手机、平板电脑等）和网络的融合，它具有立体性、即时性和强大的信息传播能力。新媒体带来的强大传播能力不仅提升了信息传播的穿透性，而且，随着数字通信网络的发展，信息可以实时传播至世界每个角落。对新媒体的广泛应用使传播的建构能力在社会各个角落发挥出重要作用，产生极大的影响力。文化人类学的研究使人们认识到，世界上存在多元文化，法国学者米歇尔·德·塞尔托（Michel de Certeau）与亨利·勒弗夫尔（Henri Lefebvre）对拉丁美洲进行社会考察后都认为存在文化与社会的多样性，即存在复数的文化与社会。美国人类学家鲁思·本尼迪克特（Ruth Benedict）认为："人类行为的方式存在多种可能性，但对一个部族、一种文化而言，他们只能选择其中的一些，而这种选择有着自己本身的社会价值取向。"[①] 换言之，文化价值观的差异性是因不同民族做出了不同的文化选择而形成的，这也是多元文化形成的原因。在多元文化和文化模式差异的背景下，实施国际跨文化传播所采取的手段势必要结合当地情况进行本土化，也就是"国际化－本土化"。"国际化－本土化"原本是一些跨国公司为了实现国际化经营的一种运营手段，随着国际传播的发展，文化研究也开始使用"国际化—本土化"这种策略。进入新媒体时代，文化、信息开始产业化，跨文化传播与文化产业相互融合，形成了一种文化地缘政治，文化信息产业的发展促进了政治利益与地缘经济的形成，而国际政治的演变又时刻影响着这种文化地缘政治。

在新旧媒体不断交替、更迭的历史进程中，每一种新媒体都催生出新的社会文明，并且使人们的生活方式和意识形态发生巨大变革，传播不仅重塑了社会结构，也在很大程度上改变了人类的文化结构，传播技术的发展使社会结构和文化结构划分更精细。新媒体代表着新的传播形式，意味着新技术，新媒体产业也终将成为国家的经济增长点。新媒体产业是不断发展国家综合实力的中流砥柱，新媒体产业的形态、内容和传播能力是一国社会、经济、文化发展的重要标志。新媒体传播的主要功能之一，就是将特定的文化结构展现于社会的各个角落。民族国家在传播世界体系的地位与新媒体产业的发展与分布情况有关。沃勒

① 本尼迪克特．文化模式[M]. 王炜，等译．北京：生活·读书·新知三联书店，1988.

斯坦（Wallerstein）的世界体系理论、布罗代尔（Braudel）的经济世界、马特拉（Mattelart）的传播世界化等，这些描绘世界经济与传播秩序的理论没有过时，我们仍旧生活在一个文化信息传播失衡的世界里。“文化地缘政治”成了在国际化传播语境中描绘国家间博弈的更具说服力的概念：以国家之间的地理位置分散或聚集为形式、以成员共享文化价值观为内容、以政治效果（国内的或国际的）为目的的影响施加机制。从长远的发展来看，新媒体的网络传播在网络中呈现出链接性等新的形态，大力发展新媒体技术对各国来说至关重要，这是一场关乎国家软实力的竞争。

（二）国际组织的新媒体传播

国际组织在新媒体浪潮中也迅速跟上了新媒体传播的步伐，依托新媒体平台实现了自身传播效力的提升。无论是政府间国际组织，还是国际非政府组织，在谋求实现国际范围内的协同合作，以更好地解决国际性或区域性的经济、文化、环境等全人类共同面对的问题时，都不能回避其自身传播影响力的问题，即如何通过有效传播在更大范围内将组织的诉求传递给组织成员及相关目标群体。由于国际组织的行动常常建立在国际信息传播的基础上，而不同国家的政策也影响国际信息的传播，尤其是在传统媒体时代，信息传播的方式主要以报纸、广播和电视为主，这类媒体在国际信息传播过程中，受国家政策管控较多，因此传统媒体在国际信息传播中容易遭遇障碍，国际组织的信息传播受到了一定约束。

之后新媒体时代来临，各种新型媒体迅速普及。新媒体的各种优势，如传播范围广、传播速度快，消除信息壁垒等从根本上提高了信息传播效率，特别是国际组织利用网络媒体实现跨越国境的国际信息传播，而国际组织也因此拥有了在国际范围内更高效和更大范围地进行诉求、推广主张和做出行为的平台，依托于这场传媒变革，国际组织在新媒体时代取得了惊人的发展。

联合国作为当今世界最大的、最具代表性的、拥有最多社会职能的政府间国际组织，在新媒体时代，联合国选择了积极应对新媒体带来的传播变革且利用新媒体进一步扩大了自身的影响力。联合国为了传播其维护世界和平、促进各国共同发展的理念，在其设立的官方网站上，设置了六种语言。全球各地的人们可以突破时间、地域以及语言的限制，实时掌握联合国的动态，而且联合国的官网还增加了网络直播功能，让人们对联合国的重要决议和决定有一个即时的、直观的了解。在社交媒体和社交网站以及论坛等新媒体的迅猛发展下，联合国借助这些新媒体，将重要信息快速地传播到世界上的每个角落，让更多互联网用户了解联合国的动态，例如，联合国电台已开通脸书（Facebook）和推特（Twitter），并将联合国的重要信息发到上面，此外，联合国官网上的新闻动态也可以被快捷地传送到其他网站上供人们观看，让人们对联合国不再陌生。另外，联合国各下属组织也在积极使用新媒体发表意见，例如，2008年，联合国下属组织——联合国难民署开通了脸书账号，借此呼吁人们关注难民，并通过社交网络的推广力开展了救助活动和资金募集活动，而优兔（YouTube）上以其亲善大使安吉丽娜·朱莉（Angelina Jolie）的呼吁为内容的视频也受到大量关注，从而令难民署的相关诉求收到了良好的传播、推广效果；而在2009年初蔓延全球的甲型H1N1流感暴发之际，联合国世界卫生组织更是在其官方网站上发布“请用推特关注我们的最新信息”的提示，向其11万关注者发布即时的权威信息，这使得人们能够获得及时透明的官方信息，从而了解甲型H1N1流感的最新进展情况，避免陷入谣言的漩涡和惶恐不安的状态，也避免国际范围内出现新一轮恐慌。

欧盟也同样重视其在新媒体时代的战略发展。作为最具代表性的区域性政府间国际组织，欧盟旨在通过建立无内部边界的空间，加强经济、社会的协调发展。而在信息传播方面，欧盟也强调打破国境边界、协调行动，从而增强欧洲信息文化产品在国际范围内的影响力，早在欧洲共同体还存在的20世纪80年代末欧洲就制订了大量指令和规则来规范欧盟内的信息传播行为。比如，从1989年起实施的《电视无国界指令》，就旨在推动欧盟范围内视听产品的良性竞争，通过视听产品在欧盟国家间的自由流通刺激各国视听产品提升品质。而在新媒体时代，欧盟更是凭借新媒体平台加强自身文化的传播，提升欧盟在国际传播中的影响力，并基于新媒体新特点对既有信息政策进行修订，来保障新媒体在欧盟范围内的更有效发展。在文化方面，欧盟向来重视文化发展，以其内部文化为傲，在新媒体时代，欧盟特别重视保护文化的多样性，并强调在国际上推广他们的文化。就拿欧盟主办的“网络时代”活动来说，全球各地许多艺术家都收到了邀请，这些艺术家深度挖掘了新媒体在文化教育领域的应用前景，他们在作品的创作方式上运用了多媒体技术、数码技术、网络技术，其作品蕴含了各种文化内涵，部分优秀作品甚至得到了在欧盟国家进行巡回展示的机会，此次巡展极大地刺激了人们对文化的思考。2005年，为了迎合新媒体技术的发展，欧美对相关政策做出了调整，对《电视无国界指令》提出了修改意见并着手修订，使其涵盖更多新媒体的内容，修订后的《电视无国界指令》被命名为《视听媒体服务指令》，专门设立出非线性业务和线性业务，非线性业务是指点播电视等，线性业务是指普通电视、互联网和手机上的相关业务，通过行业细化实现对新媒体产业更有效的指导。[①] 欧盟也对新媒体教育给予了高度的关注，欧盟表示，“欧洲人尤其是儿童与青年需要掌握更高的技能以便使用和操作新媒体”，学会“有效地从新媒体中捕捉有用信息”“挖掘新媒体潜力以及应对新媒体带来的挑战”，并在校园内推广新媒体教育。而依托于新媒体技术推广的远程教育功能，也将为欧盟各国的人们从网络上获得更便捷和丰富的教育资源提供保障。

对于国际非政府组织而言，新媒体支持带来的意义显然更大。相比政府间国际组织，国际非政府组织往往处于一种边缘和弱势的地位，其诉求的推广和行动的展开不具备强制力和约束力，而仅仅依靠成员对共同关注议题的价值共识。因此，在世界范围内推广非政府组织的价值观念、理念，使大部分的民众认可其理念和价值观并加入其中，成为非政府组织发展的关键。新媒体的出现为非政府组织理念的传播提供了有力保障，新媒体具有传播范围广、传播速度快、传播形式灵活多样的特点，为非政府组织信息跨国界传播提供了便利条件，使其能够将自身理念传播至世界各地。另外，新媒体还可能为议题中的问题找到解决办法。官方网站、微博客户端、社交论坛等是非政府组织传播信息的主要形式。

例如，绿色和平组织通过设立多语言网站，向全世界宣传绿色、和平、持续发展的理念，使世界各地的人们能够打破地理界限，参加他们举办的各种活动，所有人都能为环境保护贡献一份力量；同时，其通过脸书等社交网站开展关于大气污染的问卷调查活动，使得更多的民众能够方便地参与其中，填写的便捷性也提升了问卷的回收率，有利于绿色和平组织获取更多有价值的信息。另外，绿色和平组织还开发了一款检测空气质量的手机软件——空气污染真相指数，苹果手机用户可以下载该软件，随时随地地对周边环境中的空气质量进行检测，以此来提高公众对空气污染及环保的意识。

另外，透明国际组织是一个监督各国权利的组织，该组织的主要工作内容是调查各国的内部事务以及腐败问题，帮助解决主权国家内部治理与腐败等问题，而新媒体为该组织的调查工作提供了极大的便利，使其调查程序不断简化，例如，该组织可以将调查结果发布到微博等平台上，利用此类新媒体的力量迅速传播信息，让更多人能以便捷的方式迅速获取相关信息，有利于建设更加公开、公正、和谐的社会。新媒体将国际非政府组织的影响力扩散到世界各地，世界各地人们可以在新媒体平台随时随地地获取非政府组织发布的最新消息，并能够在全球范

① 康彦荣．欧盟互联网内容管制的经验及对我国的启示[J]．世界电信，2007（4）：72—75.

围内实现共同诉求者的联合，从而推动社会的发展，共同应对国际化带来的国际性难题。

二、传统媒体的新媒体传播

（一）印刷媒体的新媒体化

在当今社会，人们的生活步调显著加快，快节奏的生活使时间变得更为宝贵，随着科技的发展，人们获取信息的途径越来越多，特别是互联网的兴起，增强了信息传播的时效性和传播速度，信息内容更加多元化，上述种种优势决定了网络媒体被年轻群体使用的频率较高。受新媒体的影响，传统印刷媒体面临着诸多挑战，单一的传播方式已不能满足受众的需要。相关调查显示，约有三分之一的受众不再愿意使用传统媒体获取信息，以报纸方式获取新闻信息的人数大幅下降，而减少的人恰恰是转投网络媒体的年轻人。也就是说，若干年后传统印刷媒体的市场占有率会进一步降低。

然而，传统印刷媒体的市场一旦被新兴媒体抢走，要抢回来就不那么容易了。如果说最开始传统印刷媒体走上新媒体化的道路是迫于市场竞争的形势压力和新媒体发展的大势所趋，那么，现在传统印刷媒体与新媒体融合、增加对新媒体的投入则是源自自身的内部需求和对品质的追求。

传统印刷媒体为了摆脱新媒体发展所带来的困境，既要面对受众群体的多元化、分散化、碎片化和个人化趋势的压力，同时又要进一步提高企业的利润、扩大企业的品牌知名度、增加信息传递和影响力的辐射范围，传统印刷媒体与新媒体融合、采用多种传播形式覆盖更多受众，便成了不可回避的途径。因此，一些出版社除了开发电子书之外，还开展了网上阅读、移动阅读等业务，同时，杂志和报纸也开始建立了自己的网站，以电子形式在网络上发行，如《瑞丽》《时尚芭莎》《中国新闻周刊》《中国日报》等先后与电信公司联合开展移动报业服务。

传统印刷媒体现在要做的就是摆脱单一的媒介模式，添加多种网络功能，实现信息国际化传播，褪去传统媒体的外壳，发展成现代化的新媒体。互联网时代是一个打开因特网能知天下事的时代，人与人的互动成本、沟通成本、获取信息的成本越来越低，舍弃信息量有限、携带不方便、缺乏互动性的报纸、杂志是现代人一种追求效率的选择。随着传媒产业的不断发展，许多媒体都采取了内部孵化的方法，以创造新的媒体形式。

网页版《南方周末》与报纸版《南方周末》有很大的不同。《南方周末》网站的首页和专栏上可以承载更多的新闻信息，这是报纸版《南方周末》远不能比的，而在它的“标签”栏下，以往的内容以关键字或关键词的形式被归类，如果用户想了解地震，点开“标签”，可以看到多个搜索结果和资源，全面地看到《南方周末》对地震的报道和讨论。同时，借助互联网的互动特性，“囧囧有声”“南周大院”“民调中心”等栏目及活动凭借《南方周末》的品牌优势和定位，在各大知名网站扎根，普通民众能在网站上直接加入民意调查，提出意见，组建专家组，共同探讨，这与《南方周末》的理念——“做沟通知识分子和大众的桥梁”相吻合，同时也提高了其品牌价值。如今网页版的《南方周末》为用户提供多元化的新闻消息，有文字、图片、视频等多种内容形态，它现在是一个复合型网站，而不仅仅是《南方周末》报纸的翻版，也就是说，现在的《南方周末》不只是一份新闻纸那么简单了。

主动融入新媒体，以新媒体之势助力自身发展，这是传统印刷媒体生存下去的一种常用手段，也是必然趋势。正如广播、电影、电视等媒介形式出现之后，印刷界面对分化后的市场需要重新定位一样，如今的传统印刷媒体又迎来了一次挑战和机遇。

（二）电子媒体的新媒体化

新媒体也是推动电子媒体发展的驱动力，电子媒体主要包括电视媒体和广播媒体，在新媒体的推动下，以这两种媒体为主要形式的电子媒体开辟出适合自己的发展策略，在新一轮媒介革命中，占据了优势地位。纵观媒体发展历程可知，在国际传播方面，电视媒体和广播媒体都发挥了重要作用，具有划时代意义。而在新媒体时代，电子媒体受到诸多因素的影响，如经济、政治以及受众等，需要重新审视自身的发展，寻找与新媒体互相融合的途径：一是主权国家在国际化进程中国际传播战略的需要；二是电子媒介需要突破自身经济发展的困境，找到新的经济增长点；三是现在的受众需要专门性、参与性、互动性的信息，同时，人们的媒介使用习惯已随着新媒体（以互联网为代表）的不断普及而发生变化，他们越来越多地使用互联网和移动媒体，而不是电子媒体。

为应对新媒体时代带来的挑战，世界范围内的许多主要电子媒体已经进入了传媒领域的新一轮较量，力求实现“三个转变”，即传统媒体向现代媒体的转变、单一媒体向综合媒体的转变，以及对外广播（对外宣传）向国际传播的转变。[①]

---

① 王庚年．国际传播：探索与构建[M]．北京：中国国际广播出版社，2009．

电子媒体中最主要的媒体形式是电视媒体，电视媒体早已在新媒体领域开辟属于自己的一席之地。如英国广播公司（BBC）基于数字技术对广播电视产业做出调整，到2004年，英国BBC数字卫星、有线和地面电视的合计普及率已居世界第一位，达到了50.2%。BBC还计划进一步推进旗下所有的频道和频率都实现数字化，以便为用户提供交互式、网络化的集成平台。再如美国有线电视新闻网设立的公民新闻网站，它鼓励人们自发提供新闻内容，用户还可以投票选择他们喜欢的新闻故事。

各大跨国传媒集团所拥有的众多电视传媒，都在制定新策略、运用新技术、整合新平台的过程中，取得了丰厚的利润。例如，新闻集团所建立的“环球卫星网平台，是其所有业务中成长最快的一块，在2006年，它已经排到了第五名。

与此同时，新媒体也在广播媒体中有了广泛应用。全球各大电台纷纷开通网络平台，不受空间限制的网络取代了传统的国际短波传播。多家国际广播电台都在各自的网站上以多种语言发布信息，如美国之音、俄国之声、英国广播公司等以多种形式为用户提供有价值的新闻信息。借助互联网技术，英国BBC还开发了下载广播节目的功能，为用户提供更多便利。

近年来，中国国际广播电台在新媒体领域也不断探索和前进。在2006年，中国国际广播电台得到了视频点播业务的资质，能够利用电视机作为接收终端传播视频信息。此外，他们还获得了自办频道和点播以及集成运营业务的资质，这些业务以手机、平板电脑等移动设备为接收终端来实现，这有利于新媒体业务的大跨步发展。中国国际广播电台集全台新闻信息为一体，利用各种高新技术，搭建了网络电视平台，该平台实现了全天候滚动直播；随后，中国国际广播电台在联通和移动两个通信平台上推出了手机广播电台服务。目前，中国国际传播广播电台旗下的国际在线是目前中国语种最全的国际化新媒体平台，为中国新闻的国际传播提供了更多可能。

（三）通讯社的新媒体化

1835年法国哈瓦斯通讯社成立以来是世界上首个成功的通讯社，由最初的手写到如今的计算机文字，从原始的人工传信到如今的网络传播，百年以来，通讯社不断革新，紧跟时代发展，升级设备，学习最前沿的信息传播技术。每次设备和技术方面的更新，都标志着通讯社发生了一次新的传播革命，实现飞速发展。成立于1846年的美国联合通讯社和成立于1851年的路透社以及成立于1944年的法国新闻社是全球知名的三大老牌通讯社。美联社是最早使用卫星传播消息的通讯社，它的通信网络遍布全世界，既有陆地传输，也有卫星传输。路透社的国际通信网络拥有 330 多条国际线路，与一百多个国家相连；法新社比其他两个通讯社成立的晚，但是他的卫星数据通信网拥有 6 颗 GPS 卫星，一千多个卫星接收站遍布世界各地，信息网络同样发达。

但近几年来，随着信息传播技术的飞速发展，政治、经济和社会一体化的趋势日益明显，通讯社在新闻行业的竞争和网络技术的双重影响下，面临着巨大的危机。首先，通讯社采取一对多的采编方式，使新闻报道的内容过于标准化，这不符合媒体用户的个性化需求。在信息传递不顺畅的时期，通讯社被传统媒体所选择，是为了降低其生产成本，这种方式确实有很大的积极作用。经济社会的发展使得人们的需求越来越多样化，媒体选择的空间越来越大，媒体之间的竞争也随之加剧，整齐划一的内容供给难以满足受众多样化的需求。首先，为了创造特色化内容，多家媒体机构减少使用通讯社电讯稿，而是自采稿件。其次，信息传播技术日益更新，催生出众多具备多元化表现形式的新型媒体，形式多样的新媒体削弱了通讯社原本特有的优势；电视直播与新闻事件同步进行，使通讯社原本的新闻采集由快变慢；通讯社引以为傲的、新闻信息全的优势，也被互联网上庞大的信息容量打败。最后，在互联网上可以实现实时交流、新闻采集和传播，并且付出的成本也比通讯社低很多。由此可以看出，通讯社以往的诸多优势很容易被新媒体打破，可见新媒体的出现对传统通讯社造成了一定影响。

2004 年 8 月，曾任新华社社长的田聪明接受安德烈 · 基里洛夫（Andrei Kirillov）采访时认为，“网络信息固然具有容量大、形态多样、迅速及时、可在全球传播和自由互动等特点，但也很容易泥沙俱下，往往呈现泛滥、无序和不稳定的状态；另外，在各种信息需求中，新闻是人们最基本的一种需求，这并未因为‘信息爆炸’和多元化而改变。在这种情况下，通讯社所拥有的优势便显现出来，这就是它的新闻原创性、公信力和专业水准”。[①] 因此，技术发展为通讯社带来挑战的同时，也为媒介产品的多媒体化提供了可能。通讯社提供的新闻形式发生变化，从文字、图片到音视频等多媒体产品，都非常适合互联网时代人们喜爱的信息传播模式。

世界传媒业现代化发展突出地表现在以下四点：一是加速新老媒体融合；二是扩展新媒体业务；三是发展多媒体平台；四是加强媒体战略研究。以彭博通讯

① 网络时代通讯社的作用与发展空间：田聪明社长答俄塔社记者问 [J]. 中国传媒科技，2006 (11)：9–11.

社为例，它是服务于全球的信息和新闻媒体机构，总部设在纽约，于1999年进入中国市场，短短几年内就对其主要竞争对手路透社构成挑战。其旗下已有彭博网站、彭博交互式电视、彭博贸易图书电子交易网、彭博债券交易系统、彭博杂志、彭博出版业等专项服务。由此可见，彭博通讯社在跨媒体时代的产品更趋向多样和灵活，所以在通讯社行业内外的竞争中极富挑战力量。

因此，通讯社要牢牢把握其在国际新闻领域的优势地位；坚持新闻的原创性和真实性，同时从多种渠道寻求多媒体平台的融合；积极运用新技术新手段；面对受众的多样需求，提供有个性的产品和服务。只有把握住新媒体挑战中所蕴藏着的无限生机和发展方向，才能在新媒体时代站稳脚跟，以自己独特的权威性和专业性立于新媒体之群。

三、新媒体机构的自传播

在新媒体技术的浪潮中，产生了一系列新媒体形态的组织机构，如雅虎、苹果、聚友网、脸书等。这些组织机构在将新媒体技术进行国际传播的同时，也开始了自己的跨国经营与国际传播。通过采取本土化战略、联合经营战略、多元化战略等，新媒体组织机构积极地进行海外扩张，抢占国际市场。然而，由于技术发展，竞争加剧等方面的原因，新媒体组织机构所处的国际传播环境正不断变化着，直接导致了其国际扩张战略的变化。

除此之外，新媒体也为个人传播提供了创新平台。新媒体技术打破了传统媒体对信息渠道的垄断，使人们可以参与跨国界的信息传播，表达意见，提高了公民的主体意识和参与意识。

（一）国际扩张与本土化战略

本土化战略是新媒体机构进行国际传播所采用的基本战略模式。它强调对环境的适应，企业不要作为外来的市场入侵者，而是成为目标市场中固有的一员融入当地文化、融入目标市场，从而获得目标受众的认同，获得更广阔的发展空间。在新媒体机构发展的初期，一些公司通过采取本土化战略，成功地开拓了市场。

雅虎网站在日本的成功很大程度上便得益于本土化战略。为了进军日本市场，雅虎网站需要转变战略，从产品设计到业务开发，均要符合日本日本市场的需求。例如，设计深受日本人青睐的、信息密集的首页，建立雅虎日本视频、社交网站、娱乐新闻网站，提供仅适用于日本的无线应用软件，开设网络银行业务等。此外，它通过并购或收购的方式，整合众多日本本土的广告公司、信息处理公司、市场研究公司以及地图软件制造商等，成功塑造了“日本血统”。雅虎在日本的战略换来了巨大的回报，在日本取得了巨大的成功，其市值甚至足以与美国母公司抗衡。

目前，本土化战略被有效地应用于研发、采购、生产、流通以及宣传、销售等各个领域。例如，微软等公司纷纷在中国上海、深圳、北京建立了研发中心。雅虎、谷歌在人员配备上积极寻求当地的专业人才作为雇员，着力聘请具有跨国企业管理经验的本土经理人，带领团队更好地进行本土化作战。然而，随着市场竞争的加剧，这一战略在进一步的应用过程中逐渐体现出以下两种趋势：

其一，新媒体机构的本土化战略开始细化到各个领域。通过进一步与本土部门、企业合作，利用对方的优势资源，开拓市场，提升品牌形象。例如，2010年，微软与济南市政府签署了战略合作备忘录，将围绕企业引进及培育、外包、人才培养、云计算等多个方面展开密切合作。微软与政府部门的合作将十分有利于提升其在中国信息产业中的战略地位。而苹果公司也积极开展与央视网的合作，2010年春节，苹果公司重磅推出了“2010年央视春晚手机直播”，有效地提高了自己在中国市场的影响力。另外，以谷歌地图为代表的在线地图服务，作为互联网的新型应用，也显现出本土化经营的巨大潜力。例如，在线地图在提供导航服务的同时，可与当地商户合作，在地图上呈现商户的图片、视频以及合作链接等信息，或者开展电子商务，直接提供在线预订旅店、购票、租车等服务。

其二，本土化战略的进一步实施也开始要求新媒体机构改变自身原有的经营理念，顺应目标市场。针对中国市场盗版泛滥、用户不愿为软件与服务付费的特殊现状，微软也开始转变商业惯例，采取了如提供免费的精简版办公软件、开放源码等一系列措施来适应中国市场，以此提升品牌形象，扩展消费群体。

（二）合作结盟

互联网的跨时空性、平台性、互动性等特征使得信息的流动变得无远弗届，基于互联网这一平台而产生的网络新媒体则乘着互联网高速发展的东风和无边界的特性，在向国际扩张和国际传播的道路上高歌猛进。今天网络技术的发展已远远超越了人们的想象，互联网二代（Web2.0）的新媒体则表现出了更加强烈的国际扩张欲。

在新媒体国际扩张的大趋势下，面临着来自国际市场的竞争压力，除了愈发地倾向于本土化外，还有一个趋势愈发成为很多新媒体公司的选择——广泛合作，结成战略联盟，实现与合作伙伴的共赢。如2010年2月18日，美国司法部同意了微软与雅虎公司的互联网搜索业务合作协议，两家公司结为搜索联盟。

一方面，大型的跨国新媒体公司之间互相利用彼此现有的平台和技术优势，结成战略联盟，分享彼此的资源优势，从而巩固自身在竞争激烈的新媒体市场中的地位，扩大市场份额，期望达到 1+1 ＞ 2 的效果。例如，谷歌推出开放社交网站，通过提供开放的应用程序编程接口和通用的应用开发软件与聚友网、雅虎等公司合作，对脸书广泛的应用平台进行挑战。2007 年 6 月，中国门户网站新浪与著名搜索引擎公司谷歌在北京联合宣布，双方将在多个领域展开合作。根据双方的合作协议，新浪的网页搜索服务将完全交由谷歌负责，搜索结果将直接跳转到后者的相关网页搜索页面中；新浪提供的新闻在谷歌新闻搜索首页中的比例将大幅上升；而在新浪网页搜索上右侧列出的对方广告，还将由双方共同分成。通过与本土的新媒体公司合作，跨国新媒体公司显示出强大的适应力，使自己的产品、服务更具本土色彩与亲和力，利用本土传媒已有的通路，为自身的国际扩张计划开拓市场。

战略结盟也成为一些在激烈的市场竞争中暂时处于劣势的公司的选择，如之前提到的微软与雅虎合作，建立微软雅虎战略联盟，目的就是为了在国际搜索引擎市场上与谷歌竞争。

另一方面，除了互联网上新媒体之间技术、平台上的合作之外，一些实力雄厚的互联网巨头往往也采用收购、投资、入股等形式实现自身业务的发展。一些老牌的互联网巨头们也赶上了正在不断前进的 Web2.0 的列车。虽然错过了最初的开拓期，但这些老牌的巨头通过一系列的收购、合作行动弥补了那些错过的时机，逐渐在这个参与型的互联网中开拓出自己的领地，并且能够紧跟最新趋势——尽管它们在一些领域仍然处于追赶状态。

在国内，腾讯宣布对俄罗斯著名网络公司 DST 投资 3 亿美元，业内认为这是腾讯进军国际市场的第一步。与此类似，谷歌也在 2006 年以 16.5 亿美元的价格买下了优兔。微软和脸书的合作也部分来自微软向脸书注资 2.4 亿美元，购买了其 1.6% 的股权。微软的搜索引擎必应，会对脸书的内容进行整合，其中包括脸书的用户资料以及“点赞”页面，从而使其在搜索结果上得到最好的改善，与谷歌形成竞争关系。

合并与兼并已经在主要的互联网、媒体、电信公司间展开，一些学者认为，在未来的几年中这种情况会成为常态。受众对于 Web2.0 服务的消费大幅增加，不仅吸引了 Web1.0 的“玩家”加入其中，也同样吸引了媒体和通信公司的参与。

此外，新媒体国际扩张的终端应用平台之争也愈发激烈。新一代宽带无线网络的广泛应用使得手机与移动互联网相结合成为必然趋势。5G 手机突破了多媒体功能的局限，拥有对数据和多媒体业务强大的支持能力，5G 手机所能提供的网络社区、信息服务等诸多增值功能也在不断吸引人们的眼球。安装有智能操作系统的手机由于软件可扩展性受到了广大用户的关注。在现阶段，欧洲以及美国等都在大力建设移动互联网络，预计在未来，欧美等国移动互联网的普及率将进一步提高。互联网与手机的紧密结合使得更多的网络新媒体将目光聚焦在智能手机的终端植入上，纷纷与手机制造商、系统开发商、运营商合作开发并植入各自的手机版客户端。如推特、脸书等新媒体纷纷抢占客户的手机终端应用市场。2010 年苹果公司新推出的 iPhone 4 手机中加入了微软的必应搜索，让人们看到了两位昔日的对手从敌对到结盟的巨大变化。而新浪微博也借国内 5G 手机的发展之势，推出了针对不同操作系统的手机客户端，其中值得一提的是新浪微博的 iPhone、iPad 客户端，用户通过这两种客户端发布的微博，在网页上会有专门的说明——“来自 iPhone、iPad 客户端”，使 iPhone、iPad 用户发布的微博与众不同。可以说，借由互联网智能手机操作系统的国际化扩张，新媒体应用的国际化传播之路更加开阔了。

除了以上提到的技术平台互补、资金投入、终端平台三种合作结盟方式以外，跨行业跨领域的合作也成为新媒体国际扩张的一种新选择。一个典型的案例是 2005 年初可口可乐与知名的网络游戏《魔兽世界》的互动营销，此事件入围当年由《南方都市报》和《新京报》主办的年度中国十大营销事件 / 人物评选。2005 年初，可口可乐（中国）饮料有限公司率先开创联手网络游戏的先河，与第九城市建立战略合作伙伴关系，共同签署了在中国跨领域推广《魔兽世界》的协议，并将此作为启动 icoke.cn 计划的序幕。通过合作，可口可乐的净利润和收入与去年同期相比获得了增长。

饮料 + 网游这一跨行业合作营销模式无疑给消费群的拓展带来了“火花”。此后，盛大很快就出台了其网络游戏《梦幻国度》，并与百事可乐展开合作。娃哈哈也联手腾讯《QQ 幻想》，向饮料和网络游戏的联动挺进。网络游戏对于特定人群（如青少年）的吸引和由此带来的忠诚度使网络游戏平台具备了很多传统媒体难以比拟的优势，这个平台相对于其他传播载体而言，最大的优势就在于它能捕捉到其他媒体较难覆盖的一个年龄层，而这个年龄层的人群正好是很多企业的目标消费人群。从传播上看，相对于被动地接收信息，消费者的主动选择往往会带来更好的传播效果。当游戏中的道具变为现实生活中可以购买到的一种饮料时，玩家很可能会因为对游戏的忠诚以及爱屋及乌的心态去进行真实的消费行为。可见，网络游戏相对于传统媒体，具有直接、迅速、专一的传播优势，与网络常规广告载体相比，更能激发玩家的主动性和关注热情。

国际化不仅是现代商业的运行法则，也是互联网时代新媒体发展的必然趋势。国际化扩张能发挥规模效应，分散风险，但在新媒体公司的国际化发展中，由于各个国家文化习俗、价值观、生活习惯等方面的差异，新媒体传播国际化“水土不服”和模式有可能被复制的问题也不得不引起我们的关注。

（三）技术无边界与市场无边界

正如我们所看到的，微软、雅虎、谷歌等国际新媒体巨头以迅雷不及掩耳的速度席卷世界，组建起空前庞大的新媒体帝国，彰显了新媒体集团在纵深上全面扩张所取得的成功。以聚友网和脸书为例，这两家目前最为成功的社交网站已经不仅仅满足于用户资源带来的广告收入，而是开始积极探索新的盈利模式，如提供增值服务、涉足电子商务等。可见，在新媒体集团国际化的进程中，尽管本土化和战略联盟策略强有力地推动了企业的迅速成长，但开发新技术产品以及改善服务质量才是提高集团自身核心竞争力的根本所在。

互联网使得新媒体产品拥有可以直接到达全世界用户的先天优势，任何资源都可以为国际共享。新媒体公司就基于网络优势，将自己的触角积极地伸向新市场和新领域。通过这种商业活动，新媒体集团不仅可以整合国际资源，开发更优质的产品，还可以获得丰厚的利润，扩大自身的影响力。在过去的十几年里，世界搜索引擎巨头谷歌就成功地在多个市场竞争中取得引人注目的成绩。谷歌在致力于开发完美的搜索引擎的同时，还投资发售安卓智能手机，其与苹果竞逐手机市场的目的显而易见。继谷歌浏览器在全世界获得人们认可之后，谷歌又马不停蹄地进入电视业，谷歌 TV 被顺势推到了新媒体行业的风口浪尖。最值得关注的是，不仅北美受众可以使用这些产品，世界各个国家的受众同样有获得服务的机会。安卓手机在上市一年半后，已经与国际上多家运营商合作，拥有安卓市场的国家数量也比以前更多。正是本着一种开放包容的理念，谷歌已逐步将其新媒体帝国的版图扩展到全世界的各个新媒体领域。

新媒体公司在新市场上推出新产品只是其国际化扩张的第一步，要想在激烈的市场竞争中屹立不倒，还需要网罗全球的受众，这是至关重要的决胜之步。全球的受众因文化、地域等因素而有着相当大的差异，因而新的产品和服务就必须在满足受众的需求、迎合受众的爱好方面下足功夫。从发展趋势上来看，互联网产品正逐步走向智能化、个性化，传统的无差异、同质化的信息产品已经越来越不能使受众满意，用户期待获得更畅通的人机交互体验以及更优惠的产品服务。众多新媒体公司都在争夺全世界受众方面做足了工作。如今，用户可以在雅虎的旅游服务、微软的即时搜索地图或者谷歌地图的网络地图上描画线路，插入图片、视频，并分享给好友。与此同时，为用户定制广告也成为商家逐利的焦点，用户可以通过雅虎智能网络广告或者优兔的“广告偏好管理器”工具来定制自己喜爱的广告信息。此外，网络休闲游戏的蓬勃发展也体现了游戏提供商对受众需求的关照，用户使用行为的碎片化导致了产品提供的碎片化。消费者现在似乎更倾向于转向电视游戏来娱乐自己，并且可能选择一个符合他们目的的休闲游戏而不是一个核心游戏。用户的口味和喜好各不相同，这就不可避免地使内容出版商做出了不同的回应。随着产品和服务的更新换代，受众获得了经过精心加工和筛选的全球信息，在新媒体公司营造的广袤的国际化空间里，尽情享受个人的愉悦。

虽然这些新型服务和产品广受欢迎，很大程度上迎合了用户的个性化需求，但很多情况下 Web2.0 网站的收入与其庞大的受众规模并不匹配，尤其是对于那些刚投入市场的技术或产品。很显然，尽管没有人怀疑 Web2.0 的经济前景依然客观，但很少有人真的知道如何开发它。而且即使是 Web2.0 的领导倡议者，目前也并没有找到十分有效的方法使受众（量）通过广告转化为实际收入。

广泛参与新市场竞争，扩展经营领域，开发能被全世界受众普遍接受的产品，已成为新媒体公司走向国际化，实现无边界发展的重要战略。新媒体公司正大刀阔斧地走向与传统媒体融合的时代，报纸、广播、电视、互联网和手机的互融互通将带给新媒体一个千载难逢的发展契机。

四、个人的新媒体传播

在新媒体时代，国际传播行为无论从形式到内容都发生了根本性的变化，而一个不容忽视的重要变化就是传播主体的改变。国际传播主体是国际传播信息内容的发出者，是对国际传播过程产生直接影响的重要因素。20 世纪 80 年代以前，官办国际广播电台在国际传播中占有绝对主导地位，之后跨国传媒集团又以不可抵挡之势在国际范围内推进。随着新媒体时代的到来，国际传播主体的发展也从一元化向多元化过渡。以今天的情况而论，国际传播主体大致可分为四类：政府、企业、社会组织和个人。而这些年来，随着国际交流的频繁以及互联网的兴起和广泛使用，个人开始成为影响国际传播的越来越重要的因素。

互联网的出现打破了以往以传播者为中心的传播模式，使国际传播中的传受关系发生了根本性的改变，形成一种交互式传播。在新媒体时代，受众既可以是信息的接收者，也可以是信息的传播者，传播者与信息受众不再有明确的界限划分。使用新媒体不需要投入大量资金，也不需要学习过多的操作技巧，因此传播门槛并不高。信息生产者只需要有一部安装社交媒体的手机，就能非常便利地实现信息的发布与传播，而以往信息传播的方式非常烦琐，需要经历复杂的操作，投入许多精力才能完成。拥有网络终端产品的个人，其所在国家只要接入国际互联端口，就可以参与国际传播了，这些都为个人成为国际传播的主体提供了可能。

在新媒体技术的支持下，个人用户实现国际传播的方式非常多，最常见的国际传播方式有社交网站、智能手机、网络视频、博客、论坛等。知名国际社交网站脸书就是一个典型的国际传播案例，它拥有来自世界各地的用户群体，用户在脸书网站实现国际信息传播和信息交换。除了脸书，优兔也是国际上知名的视频网站，它是近年来个人用户使用最多的一种国际传播方式，通过上传、发布视频，实现生动形象的信息传播，且传播速度远非传统媒体可比。在越来越多的普通人热衷于视频拍摄上传的同时，很多专业的新闻采访、制作人员也加入了这个行列。一些专业记者成为独立记者，通过网络这个平台更加自由地进行信息传播。

个人成为国际传播的主体之一意义非常重大。人们获取信息的渠道增加了，听到了更多来自非传统媒体的声音，更重要的是，公民的主体意识、参与意识越来越强了。在舆论同化现象依然盛行的国际环境下，网络时代的到来给世界舆论的多样化提供了契机。个人的国际传播力已经不可小觑，甚至已经成为影响国际舆论的一个重要因素。各国普通公民参与国际传播意识都有所提升，也体现了普通公民对个体在国际传播中的角色认识的增强。

民众个人传播也是国际传播的构成主体，并且个人传播的信息内容更生动形象，传播形式更多样化，这使国际传播的形式和内容更丰富，个人传播体现出民主化、个性化特点。

随着科技的进步，各种新型技术迅猛发展，如信息技术、互联网技术以及卫星技术等，信息也因技术发展突破时空限制，实现国际传播。在口口相传、书信传播和电子传播时代，国际传播是难以实现的。当传播权不在少数人手中时，民间记者、基层记者数量的增加，可以促进政治传播方式的多样化，当信息国际传播不再专属于国家行为时，越来越多的人将加入国际信息传播，使国际传播生态散发无限生机。

第二节　新媒体传播的特征

从信息传播的角度，与传统媒体相比，新媒体传播的特征主要体现在传播模式、传播范围、传播内容、传播形态和传播时间五个方面。

一、传播模式的交互性

新媒体具有很强的交互性，这是它与传统媒体最大的不同之处。首先，新媒体的交互性改变了信息单向传播的模式，使传播者与受众之间的信息交换呈现一种双向交互的模式，传播者和受众的角色定位不再是固定的，两者之间的角色可以相互转换，这就是所谓的传受一体化。其次，每一位参与信息传播的人都可以控制信息的内容以及信息传播的方式，改变了以往传播者单向控制的局面，从而实现了平等的信息传播过程。专业的信息采集和编辑技术变得更加通俗易懂，人们可以利用这些技术制作出图片、文字、影像、动画等来传播信息。这些信息被传送到互联网的平台上，通过一定的渠道进行传播，这些传播并不需要太多的成本和资源。最后，新媒体的信息共享性也很强，尤其是网络媒体。在现代社会，网络遍布世界每个角落，大众传媒几乎影响着社会的方方面面，它可以塑造公众价值观、引导社会舆论、反映社会现象等。

二、传播范围的超时空性

历史上，每一种新媒体的出现都扩大了人类信息传播的范围。而以互联网为基础的网络新媒体的出现不仅扩大了信息传播范围，而且实现了跨越时空的信息覆盖。也就是说，在任何时候，在任何地点，只要有网络，任何人都有可能获取他们所需的信息。这种信息的获取方式不会因为时间的变化或者地点的变更而发生改变。在过去的传播方式中，人们在信息的共享方面是受到时间、地理界限以及国家边界等限制，任何媒体传播的信息都只能在地球的一个部分进行传播，即使这些信息传播到地球的其他部分，信息的时效性也会大大减弱。同时，由于政治制度、文化、语言等因素影响，信息的传播受到人为的限制，信息的自由传播成为政治或者利益争斗的一部分。然而，互联网信息传播的出现从技术上解决了信息无处不到的问题，同时从技术上来说，现代人很难再做到对信息传播进行人为隔绝与限制。

三、传播内容的广泛性

以互联网为信息传播载体的新媒体，其所能提供的海量信息传播功能，非报纸、电视、广播等传统媒体可比。由于互联网信息传播采取无限超链接技术，无论是新闻传播、知识传播、人际交流，还是商业信息传播，从理论上说都可以在互联网这个平台上无限传播下去。因此，无论从信息传播的广度和深度等任何角度来看，新媒体基本胜过了传统媒体。

四、传播形态的多媒体性

在传统媒体时代，总有一种占主导地位的传播形态，比如，图书报纸是文字，广播是声音，电视是图像，摄影是图片。媒介形态之间的界限是比较分明的。但在新媒体时代，这个界限已经不那么明显了，动态信息如声音、视频、动画信息；静态信息如文字、图片信息，都能通过网络传播。在计算机互联网平台上，各种信息不仅可以通过门户网站进行传播，还可以通过博客、社区、微博、即时通信、电子邮件等进行传播，传播渠道大大增加。

五、传播时间的即时性

新媒体缩短了信息传播从发送者到接收者的时间距离，在信息的传播过程中，如果通过传统大众媒体进行传播，信息需要把关、审核，然后将信息转化为文字、图片、影像等制作成媒体内容。不同的媒体内容还需要通过不同的渠道进行发行，并且媒体内容一旦确定就很难改变。很多的环节导致了信息从采集到传播的过程变得十分漫长，信息的传播往往滞后，无法满足受众需求。在信息反馈方面，传统的反馈方式也是需要较多的时间进行处理，通过很多环节才能到达传播者那里。通过门户网站、QQ、微博等新媒体，信息传播实现了时间上的即时性，即在信息发送的同时就可以接收到信息，两者之间几乎没有差异，也可以对已发送的信息即时地进行更新和扩展，所有反馈的信息也可以通过以互联网为基础的各种新媒体进行即时传播，从而形成了信息传播的即时互动。即时通信服务基本消除了交流双方在时间上的间隔，使信息交互传播突破时间限制。

第三节　新媒体传播的优势

相对于传统媒体来说，新媒体在很多方面实现了超越，主要体现在以下三个点。

一、缩短信息传播时间

新媒体传播信息的速度，远超以往其他媒体。由于信息技术的高速发展，新媒体在传播信息方面的速度大幅提升，这是新媒体最明显的优势。传统媒体在信息采集、发布和传播途径因各方面的因素而相对落后，致使信息容易失去即时性，而由于新技术的支持，新媒体在信息传播方面极为迅速，保证了信息的即时性。新媒体使信息的传播速度大大加快。如果采用传统传媒传播信息，信息传播时间将大幅延长，大众传媒信息传播方式非常烦琐，信息产生后要先经过层层审查，才能转化成文字、图片、视频等表现形式，再以报纸或电视播放的方式呈现给受众，每一个步骤都会导致信息的传播周期变得更长，使受众接收到的信息很多不具有即时性。就信息反馈而言，以传统方式如信函、电话等方式反馈，获得反馈的时间较长。但在网络、智能手机等新媒体的帮助下，所有的信息都可以在极短的时间内通过简单的加工与处理而快速地传播开来。有新媒体，所有的信息都能很快地传送到网络上的任意一个终端上，可以说信息的采集和传播几乎是同时进行的。即时通信技术的出现，打破了通信双方的时空距离，使信息传播交流更加便捷、快速。

二、增加信息传播内容

新媒体的另一个传播优势是可传播的信息内容更多。新媒体是海量信息的传播载体，连接着涵盖庞大信息量的数据库。具体来说，互联网新媒体具有稳定、充足的信息来源。新媒体打破了时空壁垒，使信息传播没有距离感，制约新媒体信息传播量的只有两个因素：一是计算机的存储空间；二是网络的带宽。但是计算机的存储空间和网络的带宽原则上都可以大幅扩充。从理论上来说，在满足计算要求的情况下，一个新媒体平台可以存储世界上所有的信息。

虽然新媒体储存和传播的信息量非常大，但这并不影响新媒体检索信息的速度，新媒体可以随时存储各种各样的信息，也可以随时检索出受众所需要的信息，无论受众在何时何地都能快速地利用网络检索到最新鲜、最有价值的信息。

三、平等参与信息传播

新媒体最大限度地体现了包容性、平等性和参与性。在这个平台上，所有参与者意见可以进行传播，关于社会各个方面的观点和信息会得到最大限度的包容。普通民众可以通过便捷的新媒体，实时搭建专属于自己的信息传播平台，在这个平台上，播主可以发布有争议的话题，并表达观点，与其他受众交流探索。在信息传播的过程中，人人都是平等的，如果有人自以为掌握了话语权，不断地灌输自己的观点，而不听取别人的观点，那他最终将被新媒体淘汰，没人再去关注他的观点。自媒体、公民媒体等新媒体方式的出现，都表明了新媒体与传统媒体最大的不同之处在于公众的平等参与。在新媒体时代，人人都可参与信息传播，人们既可以是信息受众，也可以是信息传播者，这种信息传播模式打破了传统信息传播方式，构建了新的媒介生态环境，使社会对媒体的认知发生转变。

第三章　新媒体传播的创新

本章主要介绍了新媒体传播的创新，第一节为传统媒体传播的颠覆；第二节为新媒体传播的理论构建；第三节为新媒体传播的辩证思考。

第一节　传统媒体传播的颠覆

美国政治学者哈罗德·拉斯韦尔（Harold Lasswell）在《传播在社会中的结构和功能》中提出的传播过程五要素（谁传播，传播什么，通过什么渠道，向谁传播，传播效果），这成为了分析传播的典范模式，并由此指定了大众传播研究的分支：控制研究、内容研究、媒介研究、受众研究和效果研究。[①] 随着传播的社会网络化与国际化过程的展开，有关传播过程的元素（如内容、渠道、受众等）的内涵与外延都发生了变化。以大众媒介为主要载体，以公民为受众的传播因社会网络化与互联网化而变得具有民主化特征。印刷媒体纷纷走向网络，实现了信息的社会化，制度性传播（如传播外交）过渡到市民传播（如公共外交），国际的交流主体被扩展到公民或组织本身。信息传播过程中的各种要素都发生了实质性的改变：大众媒体以新的形式——大众的媒体，出现在公众视野，大众传播也随之发生改变，成为大众的传播。信息传播的方式发生了翻天覆地的变化，从最初的单向传播方式，即由传播者流向受众，转变为如今的多元传播方式，以往的信息传播者主要为新闻工作者，现如今，政府部门、企事业单位甚至普通民众都可以是信息的传播者。信息传播者和信息受众群体不再有明确的界限划分，新闻的性质也发生彻底改变，不再局限于由政府单位授权发布。普通民众也可以利用移动设备随手发布各种形式的信息，进而成为信息的生产者和舆论制造的源头。

平面媒体的数字化和网络化已成为当前世界新闻生产和消费的主流趋势，在数字化的影响下，传统媒体面临战略转型的挑战——世界各大媒体如默多克新闻集团下的刊物、《费加罗报》《纽约时报》等的网络经营就已经表明了这种形

① 拉斯韦尔．社会传播的结构与功能[M]．何道宽，译．北京：中国传媒大学出版社，2013.

势。但这并不意味着平面媒体的终结，而是新闻以网络的版式对平面媒体进行了延伸。

一、传统媒体的内容形态

在特定情况下，事物会呈现不同的组合和表现方式，这就是所谓的形态。各种元素的不同排列或编码方式，可以形成各种不同的形态。传播学所研究的媒介内容形态，主要涉及信息内容本身和它们的表达方式，这两个要素在传播过程中共同构成了内容传递的环节。据此可以推论，媒介的内容形态是组成媒体内容形式的指向，这些不同组合和用途指向形成了内容的形态，这种形态具有相对不变的外部形式和内部构造。

随着新媒体的兴起，不同的内容形态也在随之发生变化，因此之前主流的传统传播媒介所展示的内容被新媒体所取代。即便是相同的内容呈现形式，也会因为社会变革、观众需求以及技术进步等因素的不断变化而持续推陈出新。在中国，就以报纸和电视为例：

（一）报纸

报纸的内容形态主要分为版面、栏目和其他一些信息内容集合形式，而且这些形态处于一个不断发展的过程中。在我国，报纸作为大众传媒发展较晚。到了近代，由于资本主义的发展，报纸才得以较大发展。最初，报纸的内容形态非常简单，只是对新闻版面进行了栏目的划分，如“行情”“告白”“新闻”等。后来，又用几个固定的成语做栏目的固定标题，如“祝融火烛”表示报道火灾；“顺手牵羊”报道偷窃；“新官登龙”表示新官上任；“上林春色”表示报道文化教育等，这时候的作品还没有什么导语。辛亥革命后，电讯稿和短消息开始流行，新闻开始使用标题，国外的一些导语样式和新闻要素也逐渐为国内所采用。五四运动后，新闻传播无论内容还是形式都出现了许多革命性的变化：从消息、专访到报告文学，报道形式和内容形态变得丰富多彩，成就了现代报纸的基本样式。

现在，报纸的内容形态丰富多样，从专版、栏目／专栏，到头条、社论、副刊、图片新闻、读者来信、编后等，以文字和图片为主要元素的各种内容形态，通过版面设计等编排手法组合在一起，使报纸成为现代最为主要的传统传播媒介之一。

（二）电视

电视的内容形态主要分为频道、栏目和节目等。以电视而言，过去人们重视的是节目，是具体的报道活动，这只是形成了一个内容信息点。后来，人们开始注重这种信息点的集合，于是就有了它们的集合单元即栏目，栏目是一种信息面。现在，信息面的传递已经远远不能满足社会和受众对信息传递的需要了，于是就有了信息面的集合体——频道，形成一种具有规模性的信息传播内容形态。这样，通过对信息的整合，信息得以增殖，信息量得以增加，信息的传播效果也就增强了。

1. 节目与节目栏目化

节目是电视台所有播出内容的基本内容形态和播出形式，它是一个按时间段划分、按线性传播方式安排和表现内容、依时间顺序播送内容的系统。广播和电视的一切社会功能都是通过节目实现的，节目本位是当代广播电视的基本观念之一。它是在一天中某一特定时间播出的传播实体，属于传播系统的基础形态。由一个或者几个节目组成，在每天的特定时间段持续播出。栏目一般相对固定，有特定的名称，定期、定时播出。同一栏目中的节目在内容或者形式上具有某种共同性或相关性。

2. 栏目与栏目频道化

从20世纪末开始，中国电视竞争的主战场由栏目转移到了频道。频道是从电视台的总体目标和宗旨出发，对各类节目和栏目进行设置，合理规定它们的内容取向、风格特点以及时间比例和播出时段，使它们既能拥有各自的最佳位置，充分发挥各自的优势和作用，又服从于频道的全局，具有统一风格和内在的逻辑连贯性，这就是栏目的频道化。频道在形式上具有完整性、延续性的特点，在内容上具有信息的集约性、综合性、系统性和个性化的特点。如今，各电视台越来越崇尚根据对受众的细分化来进行频道的内容组合，如综合频道、新闻频道、经济频道、电影频道、文体频道、教育频道、生活频道等。

二、新媒体的内容形态

由于自身具有鲜明的特性，新媒体的内容形态主要分为三种类型：

（一）传统媒体内容的平移与信息补充

新媒体是以传统媒体的内容形式为基础发展起来的，这也是新媒体最初发展的关键所在。先不论数字电视、公交电视、楼宇电视等终端的内容主要来源于传统媒体；即使在新媒体刚开始发展时期，也有很多传统媒体的内容涌现出来。即使在当下时代，传统媒体依然是互联网媒体和手机媒体不可或缺的重要内容来源。

以新浪为例，其首页相当多的频道划分大多借鉴了传统媒体（类似于报纸的专版和电视的频道）的划分依据，如新闻、财经、科技、体育、娱乐、汽车、房产等。遇有重大新闻事件，即有专题策划。同时，各个频道中信息的主要来源也是各种传统媒体。各种传统媒体的官方网站及许多视频网站尤其是影视剧、动画片以及台港澳及海外热门综艺节目等更是如此。

移动媒体也是如此，就拿中国电信天翼视讯来说，它以移动流媒体技术为核心，整合了传统广电传媒的资源，如中央电视台的资源，让用户享受到流媒体服务。用户不受时空限制，可随时随地拿出手机收看新闻、电视节目以及短视频。

新媒体通常还会对于视频内容进行重新剪辑与后期制作。由于传统电视栏目或者节目长度一般较长，不一定适应网络信息的需求，需要对现有栏目和节目的精华进行重新剪辑和提炼，精选出最能吸引受众注意力的部分进行传播。比如，2006 年上海文广买下了世界杯足球赛的大陆网络信息传播权，其中的短视频囊括每场球赛的进球集锦、赛场花絮等热门看点，获得了很高的点击率。

另外，受频率、时间等因素的制约，传统媒体特别是广电媒体常常将播出后残留的视频资料删除，新媒体则以其无穷无尽的容量和空间来弥补这一缺陷，对传统媒体的信息传播形成了有效的补充。光线传媒旗下的 E 视网就是利用他们平时拍摄后没有使用到的视频资源，开创了“电视看不到”板块，迎合了部分受众市场的需求。

（二）传统媒体自身的电子化

传统平面媒体如杂志和报纸的全真的电子版就是传统媒体自身电子化的一种表现，全真电子版报纸和杂志就是无纸化新平面报纸或杂志。

新平面报纸或杂志是一种电子便携式报纸或杂志，它取代了传统的纸，成为一种新型的电子版报纸或杂志。电子报纸既保留了印刷特点，又呈现出电子界面阅读特点，受众能够在新媒体平台上看到与印刷报纸格式完全相同的电子版报纸，能够对文字、图片信息进行自由选择，可以下载、打印报纸或放大、缩小板面。浏览方式上，既可以选择翻页浏览也可以选择滑动浏览，丝毫不影响人们在阅读纸质报纸时形成的阅读习惯。

当然，与纸质报纸有所不同的是，全真电子版兼具一些新的技术实现方式，如层次化、可检索。在一些转页的地方可以点击链接，跳转到相关页。可以利用检索工具在页面中查询关键字。同时，报纸可以在线阅读也可以利用浏览器阅读——这是为了方便受众在脱机环境下进行内容的浏览。随着人们对更多、更轻便的阅读终端的开发，电子报纸将会得到进一步发展。

电子杂志主要指的是基于无线互联网，向手机终端用户提供集合多媒体内容，定期发行的类杂志移动多媒体应用服务。电子杂志既有互联网的形态，也有手机客户端或者专用阅读器的形态。与电子报纸一样，电子杂志也基本上与纸质杂志保持了相对一致的版面样式，并结合了新媒体的特色，如可以进行互动（定制、评论、投票、订购），可以加入音视频，可以下载、推送等。

（三）新内容形态的产生

在新媒体时代，信息传播的形式和内容形态与新媒体（主要是网络、移动媒体）的核心技术以及基本特点有关。新媒体的一些基本特性，如交互性、共享性、个性化、多媒体化等，彻底改变了信息传播的形式和内容形态，新媒体的出现使信息的内容形态更多元化，传播形式更多样化。下面具体分析网络媒体、手机媒体。

1. 网络媒体主要的新内容形态

（1）论坛

BBS是论坛的简称，其英文全称为Bulletin Board System，意思是电子公告栏。BBS最早用于发布股票市场行情等信息，其作用与公告栏相似，但那时还不能传输文件。随着时代的发展、科技的进步，互联网和计算机逐渐普及，BBS依托于互联网技术开始迅猛发展。在BBS上，网友们可以发布各种有趣的信息，就专题信息展开讨论，互相交流、探讨。目前，BBS已成为一种能够充分反映公众意见的网络媒体，是一个信息内容聚集地和一种全新的信息传播形式。

（2）博客／播客

Blog是博客的英文简称，其英文全称是Weblog。博客是一种依托于互联网实现流水记录的社交媒体，因此又被称为“网络日志”。博客实际上是由一些较短的、频繁更新的文章组成的一个页面。博客中帖子的内容是每个用户最真实的情感表达和日常生活分享。Blog具备即时性、个性化、开放性和互动性等特点。

博客后来进行了升级改版，其内容不再只是单一的文字记录，出现了图片、音视频等多种记录形式，因此博客的进阶版本播客随之诞生。目前，播客中帖子的内容，大多展示个人的生活动态或搞笑内容，而且镜头的剪辑手法也很随意，缺乏有深度的内容。但是，音频和视频给播客增加了更多娱乐的成分，同时也使播客具有更为强大的传播功能。

如今，博客／播客成为各大门户网站如新浪、搜狐、雅虎广泛的内容形态。作为一种新的个人传播形式，这种形态使得人人都可以成为传播者和受众，每个人的声音都有机会平等地在世界范围内传播，造就了“人人为记者”的传播方式，这种传播模式是对传统大众传播模式的一种革命性变革。

（3）搜索

人们搜索自己想看的信息时常使用搜索引擎，搜索引擎实际上是一种网络资源检索系统，包括三大部分，分别是信息搜集、信息整理、信息查询。要想在覆盖海量信息的互联网中找到自己需要的信息，就必须依靠一种能够提供迅速检索服务的搜索系统，因此一些搜索引擎如百度、谷歌应运而生，并且很快被广泛应用于互联网搜索。搜索引擎所提供的查询服务是通过抓取关键词和网页信息实现的，它可以为用户提供网页标题信息，同时还能从网页上摘取一段概要信息，为用户提供精准的信息检索服务，满足用户的各种需求。当前，网络媒体的搜索方式已经发生变化，以往单一搜索的方式无法满足用户的多种需求，因此综合搜索、智能搜索、图片乃至视频搜索相继出现，不再局限于原本的简单文字搜索。

（4）即时通信（IM）

IM是即时通信的英文简称，它原本是一种即时接收和发送网络信息的服务。如今即时通信业务已发展出包括电邮、音乐、视频、游戏以及搜索在内的多元化功能。它已从一种简单的交流工具，发展成为一个综合性的信息平台，它可以提供交流、搜索、娱乐、办公、电子商务等多种服务。当前，腾讯公司推出的QQ是国内主要的即时通信工具之一。

（5）视频分享

视频分享是网络用户将自己录制的视频上传至网络共享平台，与他人共享的一种形式。受美国优兔模式的启发，视频分享在全球范围内迅速发展，掀起一股互联网视频分享热潮。一批以原创、短视频为主要内容的视频网站出现，引起了网友的广泛关注。这类网站以原创视频和短视频为主体，视频主要内容有网友自制视频、文体娱乐短视频、热门影视剧截取片段等。

2．手机媒体主要的新内容形态

（1）手机报

手机报借助移动互联网以及移动平台，以手机为传播媒介，为用户提供信息服务，即时传送各种娱乐、文化、新闻信息。将各种信息（新闻、体育、娱乐、文化、生活等）及时、快速地提供给用户，手机报所传递的信息包括文字、图片、声音、视频等多种形式。当前，手机报业务广泛普及，国内主流平面媒体几乎都嵌入了手机报业务，如新华社、人民日报等各大主流报刊均已推出手机报。

（2）手机电视

手机电视实际上是一种数字电视业务，它基于移动网络和广播网络传输电视内容，用户可以在手机的操作界面观看视频。用户利用手机电视不但可以观看电视节目，而且还可以将有趣的电视节目转发给好友，因此手机电视具有很强的交互性，可以开展多媒体增值业务。从传输的角度来看，目前的手机电视有两种实现方法，一种是以数字广播网络为基础，另一种是以移动网络为基础（如流媒体）。一般情况下，想要使用广播电视信号，需要在手机设备中装载数字电视接收模块以接收信号。地面手机电视标准都是基于对应的地面数字电视标准进行改进或升级而实现的。利用移动流媒体技术，可以在移动网络上使用多种功能，包括用户业务认证管理、计费、根据用户需求提供个性化服务以及交互式应用等。这种技术涵盖了多种规范，如多媒体广播组播功能和广播多播业务。手机电视服务提供多种视频业务，包括直播、点播和下载等，用户可以观看各种不同的节目、栏目和频道，这与传统电视类似。

（3）手机上网（WAP）

在移动通信网络的支持下，使用手机作为终端设备来接收和呈现互联网服务，就是手机上网。全球移动通信系统或通用分组无线服务技术网络、码分多址网络以及 4G 网络构成了移动互联网的网络支撑。在不久的将来，无线电视广播网络也将成为移动互联网的一部分。此外，在移动互联网领域，不仅仅涉及无线接入网络，还牵涉业务网络和核心网络，为了使网络服务形态更加多元化，还需要对传统互联网进行整合。利用小巧便携的手机，用户可以随时随地地上网，获取更多信息、进行沟通交流以及打游戏。WAP 可以满足用户多元化的需求，如商业需求、娱乐需求、出行以及食宿需求。WAP 实际上是一项综合了多种手机媒体形态的技术，包括手机视频、手机音乐、手机出行等，这意味着它的内容形态并不单一。同时，WAP 门户也可作为其他短信息服务、彩信、互动式语音应答等跨平台应用产品的整合入口。而包括手机在内的以便携计算机、消费电子设备（如笔记本电脑、移动电视）等作为接收终端的互联网业务内容则更为宽泛。移动互联网使以移动互联为基础的各类服务具备了个性化和实用性强、时空灵活的特点。

（4）手机音乐

手机音乐是一项融合了移动通信技术和数字技术的音乐服务模式。用户借助移动网络和移动通信获取音乐服务，主要获取方式有彩信、彩铃、音乐APP如酷狗、网易云等。手机音乐为用户提供的音乐服务主要包括手机铃声设定、音乐下载播放、在线播放等。手机音乐的业务模式有三种：一是手机彩铃，一般是运营商如移动、联通等提供的音乐业务，用户开通后，其他人在拨打该用户的手机等待通话时，就会听到由该用户设置的一段音乐。二是手机铃声，用户可通过手机上的音乐软件或音乐网页下载自己喜欢的音乐设置为手机提示音，在其他人拨打用户的手机号码时，用户本人能听到一段音乐。三是音乐下载，即用户可以利用音乐下载自己喜欢的歌曲，播放收听。

（5）手机广告

手机广告是指广告商利用数据挖掘和分析手段获取用户需求，进而向用户的手机发送文字、图片、视频形式的广告信息。手机广告的接收终端是用户的手机，如今的传播形式多为二维码、网页链接，广告商常通过发放优惠券吸引手机用户的注意力，同时利用大数据分析技术精准地掌握用户的需求为用户定制专属手机广告，同时后台还可以收集到用户的浏览次数、浏览时长信息。

（6）手机搜索

手机搜索是将搜索引擎功能融入手机中，利用无线技术或移动互联网技术，搜集、整理信息，使用户能够迅速地获得信息。新媒体的核心技术以及信息接收终端与传统媒体有很大差异，因此新媒体的内容形态与传统媒体的内容形态也有很大不同，尤其是一些新的内容形态，都呈现出个性化、交互性、精确性等特点，并且阅读形式非常灵活。

三、“跨域”传播的形成

“跨域”传播指的是在新媒体的背景下，由于多种终端介质的存在，内容生产和传播者（媒体）对某一内容进行横跨式的生产和传播。具体而言，“跨域”传播主要包括跨形态生产、跨窗口呈现和跨终端／媒体传播。“跨域”传播遵循了传媒产业和通信产业的主要经济规律，是新媒体内容传播的基本规律和未来趋势。

“跨域”传播，是在数字化的大环境下，媒体向多终端延伸背景下新媒体内容传播的一种趋势，也是内容商在激烈的市场竞争中的必然选择。总体来看，“跨域”传播的出现，主要基于以下缘由：

（一）数字技术的出现

数字技术使得内容可以根据各种终端需要自由转换，为多种内容形态的产生奠定了基础。

（二）无缝网络的覆盖

无所不在的无缝网络，实现了对各种媒介的传输和对多种终端的无缝覆盖，从而能够开展多重传播，为“跨域”传播创造了条件。

（三）媒体的多终端延伸

媒体内容的接收终端极大地突破了原有的终端范畴，尤其是便携式移动终端层出不穷，移动通信和手机终端的快速发展，将媒体的多终端延伸范围扩展到最大化，使“跨域”传播成为必然。

（四）范围经济导致的单产品边际成本下降

范围经济指的是当企业联合生产多种产品时，其总成本低于分别生产这些产品时的成本之和，此时联合生产就存在范围经济性。对内容产业而言，其范围经济性主要体现在利用同一个信息源，既能生产出传统媒体所需的内容，又能转化为新媒体所需的内容；在每一种媒体状态下，也能够演化为不同的内容形态，由此实现了边际成本的下降。

（五）资源的优化配置与共享

“跨域”传播能够对不同类型的资源进行最优地分配与共享，如共享设备、信息、人员、传输网络等方面的资源，从而减少沟通费用，获取规模经济。不同媒体以及终端对单条信息的呈现形式各不相同，就单个的信息而言，可以在手机、网站、期刊、电视等媒体上以不同形式出现，对各类信息内容资源进行全面分析并高效地集成，促进各种媒体形式和内容形态相互融合。

（六）对受众的无缝传播强化传播效果

受众可以使用不同的终端，接收或传播不同形态的信息，“跨域”传播覆盖了各种媒介终端，拓宽了受众接收范围，形成了无缝传播。受众可以通过多种手段接触更多的信息，传播效果因此得到了强化。

总之，通过对内容信息的多重开发与传播，实现一次生产、多形态展示、多渠道发行、多介质阅读，最终实现了传播模式从单一向多元的转型。

四、“跨域”传播的三个环节

“跨域”传播实质上是一种横跨式的传播方式，这种横跨在生产层面是指横跨内容的组织形态，在传播层面包括横跨窗口和终端。由于这种横跨，使一条单一的内容能够实现波纹理论所描述的效应，尽可能地拓展了传播范围。“跨域”传播主要包括跨形态生产、跨窗口呈现及跨终端传播三个环节。

（一）内容的跨形态生产

作为内容元素的组合方式和表现形式，形态是一个相对的概念，即上一级的内容形态包含着下一级的形态。如电视的频道是一种形态，其中又可以包含栏目、节目等下一级的形态。内容的跨形态生产指的是在一种基本形态内，按照不同的组合方式，将同一内容题材生产制作成不同的内容细分形态。

在传统媒体中，也曾出现过以多种形式呈现特定主题的现象，但更多地是以深层次的内容挖掘为主，而不是真正的跨形态生产。在新媒体时代，特别是由于网络、移动媒体的兴起，内容的跨形态才真正得到实现。受科技进步与受众需要的影响，新媒体呈现出多种新的表现形式，现在以时下流行的手机报为例作详细介绍。

目前，国内手机媒体最具代表性的内容形态就是手机报，随着科技的进步，用户在信息获取方面因不同场景而产生不同的需求，因此手机报分化出不同的内容形态，其中包括短信、APP、WAP等，这些都是手机报的子形态。

1. 短信手机报

短信手机报主要是针对非彩信终端用户，通过短信（一般在70字以内）的方式，向受众传播最新消息。内容特征主要是进行国内外重大事件最新报道，持续追踪最热的焦点动态，关注与百姓生活息息相关的国家政策，及时推送国内外最新财经、娱乐、体育动态以及本地特色实用信息通告等。短信手机报满足的是受众对信息的浅需求，它提供的只是重大新闻信息的一个引子和内容概况，但是它能够充分体现手机媒体的即时性，而这正是新闻传播的基本特质。

2. 彩信手机报

彩信手机报指的是以彩信的形式下发至受众的手机报，与短信手机报相比，彩信手机报可以组合文字和图片乃至语音视频等信息，篇幅较长（一般5000～6000字），信息量较大；同时，彩信手机报初具传统报纸的表现形式，既有导读，又有头条及新闻、财经、体育、娱乐等各种栏目，如遇到重大事件，还可下发短信形式的新闻概要相辅助说明。彩信手机报既可以是综合性的手机报，如中国电信的新闻早晚报；又可以由一系列不同主题的手机报产品组成，包括时政新闻、影视音乐、体育竞技、生活休闲、科普教育、流行时尚、财经证券、游戏动漫等。

在功能上，用户可以通过短信、WAP、客服号码、营业厅等途径，根据自己的需求，定制（查询、退订）各类手机报刊；定制成功后，运营商将定期向用户的手机下发彩信形式的手机报内容。当然，彩信手机报一般还具有互动功能，为受众提供了发言的通道。

3.WAP 手机报

WAP 手机报即通过手机报门户展现各类手机报业务，WAP 手机报可以完全展示彩信手机报中的内容，并能添加更为丰富的内容，同时还可进行更新，用户登录 WAP 后即可阅读。

4. 客户端手机报

客户端手机报即通过在手机上安装客户端软件向用户提供手机报服务，通过手机客户端，用户可以随时随地浏览、下载、阅读手机报。客户端手机报的内容更为丰富，展现形式更多地表现为传统报纸的全真电子版，与传统的阅读体验最为接近。

此外，手机报的子形态还包括视听／流媒体手机报等。因此，与传统媒体状态下相对单调的内容表现形态不同，在新媒体状态下，内容生产可以表现为彩信、客户端、WAP 等形态；其中重大内容也可以表现为短信手机报；如果有视频内容，甚至还可以体现为视听手机报。这样，原本单一的内容形态变得丰富多彩，极大地拓展了信息的覆盖范围。

（二）同终端的跨窗口呈现

窗口原意是指开在墙上的窗形的口子，后来常比喻为与外界相互往来、联系的单位、部门或地区。计算机和手机操作界面最常见的就是窗口界面，窗口是一种新型的用户界面，其中计算机和手机的显示屏幕被划分成多个框，每个框可以容纳不同的应用程序界面。各个窗口都有各自的职责，负责显示和处理不同类型的信息，用户可以在多个窗口同时操作，并在这些窗口间自由地传递信息。用户界面中最核心的组成部分是窗口，窗口是应用程序创建出来的一个可视界面，这个界面的形状是矩形的，用户一旦打开应用程序，应用程序就会自动创建一个矩形的可视窗口。一般而言，窗口是由操作软件带来的，但在窗口的来源上，主要有两类：一是计算机或者手机终端自带的窗口，二是根据各种需要后期开发的各种客户端软件的窗口。当前，客户端窗口是目前的一个热点（尤其是在手机终端上）。

客户端实际上是现在我们所用的各种应用程序，它是向用户提供本地服务的软件，通常安装在计算机和手机以及平板上，需要和维护终端协同工作。在个人计算机（PC）网络中，浏览器客户端、电子邮件客户端等为人们打开了沟通交流、获取信息的大门；手机客户端更是风起云涌。相对于 WAP 浏览，手机客户端突破了网址登录输入等局限性，用户可以体验更强大的功能和更个性化的信息应用；商家可以抢占市场，扩大用户覆盖范围，增强用户黏性。

目前手机终端上网主要有两种主流方式：一种是基于传统 WAP 方式，另一种则是基于手机客户端的方式，二者结合形成手机客户端 + 手机媒体门户的双核发展。随着科技的发展，手机客户端开始大行其道。从诺基亚的维信客户端、谷歌的手机电子邮件客户端到中国移动的飞信客户端，其中的网络运营商、终端制造商、手机运营商，都致力于开发各种类型的客户端，如今有代表性的功能性客户端有 QQ 阅读、微信、抖音、支付宝、淘宝、高德地图等，这些客户端可以满足用户在阅读、社交、休息娱乐、移动支付、购物、出行等方面的需求。

当然，这仅仅是几个重要的或者经常使用的窗口，对于特定类型的内容来说，它们所能发挥作用的范围也是非常特殊的。以手机报为例，一条重要的消息内容有多种传播方式，可以在同一个终端上以短信或彩信接收窗口来传播，也可以在 WAP 网站的有关通道中通过链接的方式传播信息，还可以通过客户端传播。视频消息也遵循同样的传播方式：相同的视频内容按照不同的窗口传播需求形成不同的格式，之后在网站门户、影视门户、客户端等窗口中传播，还可以以链接的形式在其他窗口中展示。

传统的电视节目提供商往往采用所谓的利润窗口发行模式，就拿电影来说，它不只是在影院里上映，还可以通过视频、收费电视和免费电视放映。这四种发行模式都有目标受众，原因在于受众有不同的观影需求，有些人更喜欢在影院体验大屏幕观影效果，有些人则喜欢在家从网站上下载下来观看。

版本化是一种更普遍的产品设计原则，它是窗口化的基础。版本化意味着通过发布多个版本来传播信息。举例来说，PAWWS 金融网络公司提供了两种方式来获取证券组合系统的信息：一是即时指数，用户可以随时获取实时的金融信息，费用为每月 50 美元；二是延迟 20 分钟后接收，费用为每月 8.95 美元。为了迎合用户不同的消费观念和付款需求，PAWWS 需要提供不同版本选项。另外，可以根据需求制作不同画质的影视节目版本，并针对每个版本收取不同的费用。

可以从数量和质量以及时间这三个层面来区分版本化，也就是说信息生产者可以基于不同的特征对内容进行分类，如时效性、舒适性以及功能和速度等特征，信息生产者可以根据内容的不同特征设计产品。数字化的好处不仅在于降低复制成本，还可以降低版本更新所需的成本。

以报纸为例，新媒体时代的报纸编辑需要为不同版本量身定制内容，以适应版本化的趋势并确保内容是精心策划而成的。这些版本可以包括纸质、网络和手机媒体传播等，以适应不同受众的需求。这样做可以确保内容的适应性和可读性，不同版本之间也可以互相协作，获得最佳传播效果。

（三）内容的跨终端传播

国际期刊联盟主席唐纳德（Donald）曾以一段话生动地说明了信息传播由单终端到多终端的必然性："20 世纪 80 年代，他们运用新的电子技术给读者提供 24 小时的文字信息服务，但失败了。90 年代网络兴起后，他们创建了成本低廉的网站，把杂志和报纸内容放在网上，结果消费者和广告商都不感兴趣。2006 年，又运用了新的技术、形式和内容，以及杂志的电子版，后来又利用手机平台等来吸引消费者，开始逐步获得成功。同时，搜索引擎的发展也使很多消费者到杂志网站上搜索信息，并将广告商带给杂志。"①

人们一般认为，凭借互联网之势，信息才得以在各种媒体和设备上自由传输，从本质上讲，由纸质终端到电子终端再到互联网和移动终端，不同的终端表现出了不同的媒介特性，因此，跨终端传播本质上也是跨媒体传播，也是媒体内容在不同终端上的不同表现形式。

跨终端／媒介传播，是指将具有不同内容形式的信息，经过各种传播渠道和接收终端，在不同的终端／媒介间进行交流和交互的过程。多终端、多介质交互是当前媒体发展的必然趋势。

从跨终端／媒体传播的内涵而言，主要包括两个层面：一是不同内容形态的相同信息在同一媒体组织的不同终端媒体之间进行整合传播；二是不同媒体组织之间资源互换与联合传播。

从跨终端／媒体传播发展阶段而言，主要经历了两个明显的阶段：一是传统媒体内部的报纸、杂志和电视几种不同媒介之间的跨越和融合，最终形成一个全新的综合媒体平台，使得媒体间不仅可以资源共享，还可以通过互动来增加每一

① 石峰，赵济清．新媒体 VS 传统媒体：有博弈，有融合 [N]. 中国新闻出版报，2006-05-16.

个被传播信息的渗透力度。二是传统（手段的）媒体和以网络新经济为代表的新媒体之间的跨越和融合。

作为媒介传播发展的重要现象与趋势，跨终端／媒体传播一直受到传播学界的重视。2003 年，美国西北大学教授李奇・高登（Rich Gordon）和鲍尔州立大学戴默（Demo）等学者分别提出了媒介融合和融合连续统一体等概念，美国学者还对美国媒介融合的五种形态进行了总结：一是产权合并，即各大媒体公司旗下拥有多种媒介，媒介之间可以相互转换融合，共享资源；二是战略整合，也就是所有权不同的媒介共享内容；三是结构上的融合，也就是在内容上呈现出不同的形式，如报刊、电视等，实现内容的分享；四是信息收集融合，即新闻记者通过各种途径收集信息，以满足不同终端、不同媒介的需求；五是新闻表述的融合，也就是记者通过与大众互动的多媒体手段和技巧，来实现对新闻的表述。这几种类型有着不同的传播方式：媒体之间交互推广、经过协商进行内容克隆和传播、合作与竞争、新闻线索分享与报道层面合作等。

无论是媒介融合还是融合连续统一体，其实都是跨终端／媒体传播的概念，只不过更多地从新闻报道的层面来阐述。

1．跨终端／媒体传播

大众传播发展之初，媒体几乎以传播的符号、媒体和接收载体为主要区别，这样就形成了以文字为主的平面媒体、以声音为主的广播媒体及以活动影像为主的电视媒体。长期以来，无论是市场化早的国外媒体还是国内媒体，大抵是单终端和单媒体。

早在 20 世纪 70 年代，传媒产业中就出现了整合及集团化的趋势。到 20 世纪八九十年代，通过兼并、联合等多种手段，在国际上出现了包括新闻集团、时代华纳、维亚康姆、贝塔斯曼等在内的一大批传媒集团。随着技术的发展和竞争的加剧，国内媒体为了节约成本，有效地提高信息传播的覆盖率，逐渐将同一信息内容进行跨领域的传播。与其相适应的便是传媒产业的改革。媒体组织一直是单纯的事业单位，具有官商两面性。从 20 世纪 90 年代初期开始，传媒产业开始了市场化运作。1996 年，国家率先批准建立广州日报报业集团，从而开始了集团化和跨区域跨媒体运作历程。20 世纪末，改革转向了广电行业。21 世纪初，国家开始鼓励出版、发行、电影等企业集团跨地区经营；鼓励中央、省级报业集团、广电集团跨地区经营，提出广电集团可以兼营报刊、图书、音像电子出版、电影生产；电影集团可以制作广电节目，与电视台办电影频道；报业、出版、发行集团可以强强兼并。伴随着国家的改革，国内出现了很多跨媒体经营领域的传媒集团，但直到新媒体时代，跨终端传播才真正实现。

传媒企业具有如纸质终端、电子终端、互联网终端和手机终端等多种接收终端，利用本企业的品牌优势生产内容并将内容发布到自身具备的各种终端上，广泛传播信息。因此，所谓跨终端，就是指同一内容在不同的终端上进行传播。在网络、手机等新媒体终端出现之前，这种跨终端的传播方式是在传统的、不同的接收载体间进行的，例如，在期刊、广播电视载体上的报纸内容的传播，也可以是在如报刊等载体上的新闻报道。比如，全国许多广播电视集团虽然以广播电视为主业，但也兼营报纸和杂志。

新媒体的出现，仿佛为这种跨领域的传播打开了一个无比广阔的世界，导致信息在不同终端／媒体之间涌流。目前，跨平台／媒介传播的主要形式是将传统媒体的内容扩展到新媒体平台上。在现有传统媒体创作的基础上，将内容传播到各类新媒体平台，以原始媒体为主要来源。报纸和杂志往往在创作完成后，还没有印刷出版，它们的网络版已经发布到媒体网站上了，电视台的情况也与此类似。人们逐渐转向使用新型终端设备，尤其是互联网终端，并且还在向手机等新型移动终端扩展。这种现象的出现是由三个因素引起的：首先，在互联网终端内，信息的传递是即时的，几乎没有延迟；其次，互联网终端可以展示更加丰富的内容，这些内容是传统媒体终端所无法包含的；最后，互联网提供了一种互动平台，可让媒体和受众相互交流，使受众能够自主发挥，创造大量新颖的原创内容。同时，这些内容也成为传统媒体不可或缺的重要资源之一。此外，随着多媒体技术和多种终端设备的普及，媒体信息编辑和采编人员也开始采用各种工具和传播方式，如文字、音频、视频、网络和通信等，通过多个终端对信息内容进行宣传和传播。

由于跨终端／媒体传播的趋势不断加速，各种不同类型的媒体在宽带网络的支持下，不断融合交汇，构成了一个全方位的互通平台。这个平台整合了多种传播媒介，集成了信息收集、编辑、发布、存储和交换功能。通过该平台，信息传播的范围更广、速度更快，不同媒体之间实现了协同发展。

随着跨终端／媒体的传播方式在新媒体时代不断兴起，传统媒体也随之迎来了新的机遇。这必将推动传媒产业进行深度转型，并为其带来全新的面貌。为了适应传媒产业的新需求，许多传统媒体抢滩发展新媒体业务，以占据先机。中国国际广播电台的新媒体战略就是近年来传统媒体跨终端传播的典型代表之一，中国国际广播电台的理念是关注新媒体就是关注未来，拥有新媒体就是拥有未来。1998 年，中国国际广播电台推出国际在线网站，2005 年，国际在线推出了第一家官方的网络电台。2006 年，中国国际广播电台获得 IPTV 牌照；随后，获得手机电视牌照，并分别与中国移动等运营商合作发展手机电视业务。2009 年 7 月，中国国际广播电台推出移动国际在线，为用户提供新闻、财经、影视、娱乐、旅游等方面的信息与服务。目前，中国国际广播电台除了原有的广播业务、国际新闻电视业务、报纸与出版业务外，以国际在线网站为核心，将媒体触角伸向了新媒体的各个领域，初步形成了跨终端／媒体传播的新格局。

2．跨媒体组织的传播

跨媒体组织的传播实际上是跨终端／媒体传播的延伸。实际上，大部分媒体公司并非都能像鲁伯特·默多克的（Rupert Murdoch）公司一样，涵盖了现代新传媒的多数形态。大多数媒体并未具备大部分媒体业务形态，或者在某一业务形态方面较弱，但又拥有存在一定竞争优势的内容或其他资源，这样就可以通过资源互换等方式，借助其他媒体组织的各种终端和渠道进行传播，从而为各自带来规模效应和范围经济，降低总成本，并满足不同媒体企业追求利润最大化的共同目标。

近几年，跨媒体组织传播屡见不鲜。2006 年新浪与凤凰卫视建立合作关系，打造了新浪凤凰卫视栏目；腾讯公司凭借数量庞大的 QQ 用户群体与拍拍网建立合作关系；2008 年，百度组建了电台联盟，有 15 个广播电台、包括中国国际广播电台加入进来。在百度打造的电台联盟频道中，用户可以实时收听海内外各种广播节目，还可以利用网络交流沟通。

随着科技的进步，媒体与不同终端之间或将实现相互融合。与此前的一条信息、一类终端的线状传播不同，在多终端时代，信息的传播必将呈现一条信息、全面传播的面状传播格局。

第二节　新媒体传播的理论构建

对新媒体背景下传播的认识，是一个以传播学的认识为基础来寻求相应的方法论的过程。新媒体传播的理论构建主要依据传播发生的环境以及传播过程的构成要素展开，即传播主体、传播媒介、传播方式和传播效果。

一、关注多元化的传播主体

在传统媒体时代，信息的传播者主要是专门的机构或部门，如新闻的传播由专业的媒体机构来执行，国际传播也主要体现为政府和专门机构间的交流行为。

在新媒体传播国际化背景下，传播者和接收者的身份形成多元化趋势，随着企业跨国运作的常态化、媒体产业化的加速与转型、社会媒体网络的展开、非政府组织的崛起、地区或国家间国际组织作用的加强、市民社会运动的发展，传播主体逐渐扩展为跨国公司、专业及非专业媒体、官方机构（如政府间国际组织、政府机构）、地区或国际非政府组织，甚至社会个体（如拥有大量点击的博主或拥有许多关注者的“推客”）等。国际传播不再局限于国家间的相互宣传或传统的外交往来，而是散布于用网络外交、公共外交、网络电子外交描述的一系列市民、官方彼此相互交叉的传播行为之中，传播者和受众的地位或身份间的界限越来越模糊。就新闻传播而言，除了官方传统媒体之外，还存在许多非主流媒体，如新媒体时代的个体播客等。传播网络的国际化和市民化使网络监控（如市民软件就可绕过网络障碍）和审查变得更加困难，传统媒体中传播“把关人”的作用在新媒体和国际化环境中被稀释，并被多元化，传播的议程设置不再由传统媒体来主导。

信源与信宿的多元化还意味着分众传播的可能性，不仅体现于内容上因地区、信仰、价值观，甚至性别、年龄等不同而产生的分众，而且还表现在新媒体背景下的传播者和受传者所构成的真实或虚拟社团的多元性。传播者和受传者的多元化并不意味着文化软实力的扩散受到限制，相反加大了某种文化感召力的传播能量。要注意的是，软实力是一套具有品牌效应的经济、社会、文化、政治价值体系，而不是二战时期纯粹的意识形态宣传。

由于传播主体的多元化，国际传播过程中有关部门就要做好传播的指导和协调工作。既要关注官方传播主体，又要关注非官方传播主体，特别是非官方性的传播。各个领域的交流都在围绕自己的利益展开，如非主流媒体借助网络来表述对国家形象的认识、主流媒体努力通过自己的传播网络树立国家形象、旅游协会向国外游人和商人推销自己国家的旅游产品、投资代理向外国公司和投资者推销自己国家的商业环境、文化组织与其他国家建立文化联系并推销国家的文化和教育产品、公司向国外客户推销自己的产品和服务，甚至外事部门向国外公众表述自己的外交政策来维护国家形象等。这些官方或非官方的文化或商业机构不能独立行动，要有一定的协调性，不能传播有关国家相互冲突或矛盾的信息。这就要求国家有一个针对媒体、政治、经济、文化品牌的协调战略，为各领域的品牌建设提出目标。不仅要进行国内协调，还要关注国际上的协调。在新媒体时代，这种协调性更加体现为传播网络中信息的实时交换和信息的相互反馈以及信息的透明性。

二、采用合适的传播媒介

新媒体背景下，传统媒体和新媒体同时存在。新媒体的种类很多，但当下主要有网络媒体、移动媒体、数字媒体，尤其数字技术是各类新媒体产生和发展的原动力，连接终端成了新媒体触觉延伸的神经元。随着数字化和媒介产业的转型，传统媒体和新媒体走向了融合的新阶段，要把握好二者在国际传播中的度。在思考新媒体传播的同时，更要注意媒体的国际化与地方化的辩证特征，不能以单一思想来指导所有地区的传播，要有地方化特征，即使传统媒体和新媒体因世界各地的发展状况不同，而采用了不同的媒介普及方式。丰富的媒体并不意味着良好的传播效果，新的传播体系的构建要兼顾去地域化和再地域化的传播特征，卫星的落地、广电节目的交流与合作、新闻信息的共享及其文化交流等要随着地区的变化而变化，传播的交流效果不仅仅要通过经济效益来衡量，还要考虑社会效益，要配合国家的中短期或长期发展战略目标。如用网络数字化先进技术来处理发展中国家和地区的传播问题，显然比不上传统的无线电广播，从这之中我们就了解到一个悖论：我们正在与发达国家接轨，而发展中国家却跟不上我们信息传播的步伐，发达国家利用自己的优势对我们进行传播，我们还需要发展中国家的支持，于是又回过头来争取发展中国家。我国近 20 年来加大了对外国际传播的力度，广播方面有国际台，电视方面有中央电视台的四套以及西班牙频道和法语频道；就新闻社而言，有新华社和中国新闻社；就网络新闻而言，重要的有人民网、新华网、中国网、国际在线、中国日报网等；就出版社而言，有中国外文出版发行事业局等。这些媒体都采用了多种语言播出或出版，如英语、法语、德语、西班牙语、阿拉伯语等。它们的发展速度和成就是值得骄傲的，但这些媒体的受众基本上是发达国家的外国人、华人、港澳台同胞等，而发展中国家却因资金欠缺或技术设备落后，无法获得我们传播的信息。这就是部分国家和地区互联网比不上广播、专著比不上电影的原因。因此在大力建设国际传播网络时，应当采用国际化与地方化相结合的策略。

三、转变传统的传播方式

由于环境和传播工具不同，新媒体背景下的国际传播应当转变传统的传播方式，实现从宣传到公共外交甚至网络电子外交的转变，并在传播主体多元化的情境下，充分把握好二级传播。

宣传是我国在对外传播方面的一个纲领性的流行词，常常出现在政府文件、学者论著以及大众传媒之中。但这个可能起源于西方宗教传播的概念，经过时间和意义的变迁与沉淀，特别是经过第二次世界大战中心理战的修正，在西方有些观点中已经嬗变成一个富有贬义的表达。宣传一词仍旧意味着某种邪恶的东西；常常包含着撒谎、欺骗的含义……因此部分西方人认为，宣传是政治躯体上的癌症，它操纵着我们的思想和行为，应当不惜一切代价地回避。但在中国的传播领域，宣传概念似乎没有过多的贬义：或宣传布达，或向人讲解说明，或传播、宣扬。字典中把宣传解释为“向人讲解说明，进行教育；传播，宣扬”，在这里就出现了中西方对“宣传”的理解差异。

随着传播技术的发展和世界外交形势变化，旨在为民族国家获得良好形象和国际利益的传统外交已不能适应当前的形势，国际上出现了官方外交之外的公共外交（甚至新公共外交）。学界对公共外交的定义很多，本书难以全部描述，但其共同特征在于公共外交具有公共性、互动性、目的性。公共性表现在外交活动由官方或非官方行动者来执行，互动性体现为新媒体时代的外交传播方式，目的性在于提高自己的形象和获取外交利益。

新媒体时代的到来不仅会继续强化公共外交的作用，而且开拓了虚拟空间中的外交潜力。如果说传统的公共外交注重非国家的部门、社会组织、定居国外的社区、旅游或民间文化组织、非政府组织，那么，在数字时代，还要注重数字网络虚拟空间中的战略性外交信息传播，以真实的品牌来帮助网络公众形成集体意识，并以此形成必要的意见领袖，传播合适的品牌形象，以至国家品牌形象。这就是说，公共外交不仅仅局限于社会网络（如学术交流、文化交流、文艺演出等），而是借助传播的数字化网络和市民化渗入微观社会层次——个体的思想意识形态或智力状态建构：如网络受众在网络信息构建的虚拟社会中来培养自己的认识和价值观，在网络空间中靠信息作为联系纽带的社区团体逐渐形成了自己的集体意识，成了评判社会或国家形象的一支重要力量，因此他们的力量也需要被重视。如在美国的外交思想变迁中，我们就看到了新媒体的技术力量：从里根的和平演变到卡特的网络空间司令部升级，从克林顿的软实力外交到小布什的转变外交，再到公共外交 2.0 和奥巴马的巧实力外交，无不实现了新媒体发展传播方式转变对外交领域的影响。

除了传播方式的转变，还要注意新媒体背景下的二级传播。这主要有两个原因：其一，传播主体的多元化以及新、老媒体的共存，形成了某些网络社会媒体

（如推客、博主）以及真实或虚拟社区中的意见领袖；其二，新媒体传播国际化背景下公共外交的展开，官方与非官方的组织传播成了舆论的倡导者。问题的关键是，如何提供信息、形成互动、增加透明性、以科学的态度来对待公共舆论。

四、建立传播效果监控体系

对传播效果的监控，不仅是一种通过量化（设计调查问卷、收集数据）或质化（收集素材，建立数据库）手段，借助统计或内容分析来显示的传播效果，更意味着一种国际合作机制的建立。在国际传播中，品牌化和公共外交意味着期待传播效果的产生。评价国家的软实力传播效果，除了看其品牌建设之外，关键是看通过新旧媒体传播、传统外交和公共外交所取得的效果，这种效果的表象是由公共舆论反映出来的国家形象。这就要求在传统的传播效果研究之外，要建立一定的国内和国际层面上的调研机构，来负责调查中国品牌的核心价值的（短期或长期）传播效果，或独资或合作，充分体现对国际化环境的适应性。换句话说，要提高中国“倾听”世界的能力，提前了解中国的作为或政策在世界上可能遇到的反应，做到及时协调，不能总是“马后炮”。

在新媒体时代，信息传播有了新的动力支撑和技术支持，迎来了新的发展契机。以新闻为载体的文化产业成为文化信息传播的主体，形成了具有社会、经济、政治意义的文化地缘政治，成为受众对文化信息产生认同感的重要途径。

新媒体传播国际化不仅意味着传播主体（信源和信宿）、渠道、内容等的多元化和社会化，而且还意味着非主流媒体或网站传播主导舆论的可能性。因此，国际传播应当综合利用互联网、移动媒体（手机、手机电视、便携阅读器等）、平媒、官方或非官方组织网络，实行国际化和地方化相结合的传播策略，加大传播领域的技术、资金和智力投资，建立完善的传播效果调查和监测机制，从而真正实现新媒体国际传播的理想传播效果。

第三节　新媒体传播的辩证思考

在新媒体国际化传播的背景下，需辨证看待文化产业发展的趋势和现象：当下崇拜、信息崇拜和文化崇拜。

一、当下崇拜

在数字化大势所趋和新媒体国际化传播的背景下，当下崇拜作为民族身份更新与意义生产的文化独特性常被忽略，情境化或地域化的具有特定含义的文化内容容易被置换，形式或概念被赋予新的内容。忽视历史的当下主义，使部分受众形成了对当下的错误崇拜，产生这样的崇拜是由于发达国家的话语概念容易成为人们界定本国政治、社会与经济的参考标准。

二、信息崇拜

信息崇拜是信息自由流动和新自由主义原则相结合的一种体现，在这种崇拜中，文化嬗变为信息，文化产品与其他产品服务一道受商品自由流动原则的支配，文化的意义容易被忘却，或被稀释。信息可以成为改善民主和促进经济发展的材料，社会形态逐渐由物质社会、能量社会过渡到了信息社会。在信息社会中，意义的生产让位于信息产品的生产与消费，身份、意义、意识形态被置于次要的地位，商业逻辑成了信息流动的指导原则。

三、文化崇拜

香农（Shannon）数学意义上的信息概念以及政治学者拉斯韦尔的传播模式成了传播学研究的主要参照，这种物理的、量化的、统计学的信息概念指向一种表现主义的传播过程：刺激—反应。在美国的社会表达中，文化概念成了社会思想中一个逐渐消失的概念。这种概念的消失不仅是经济全球化和商业逻辑占主导地位的结果，也涉及不同文化的传统问题，如欧洲迟迟难以认同文化产业活动，而美国却因大力倡导文化信息的自由流动而被推上文化帝国主义的被告席。在商业逻辑占支配地位的国际环境下，文化产品或思想产品有些时候被等同于一般商品和服务，意义的生产让位于利润的获取，丧失意义的传播可能使国际化陷入困境，特别是随着国际政治和国际关系理论的研究嬗变，作为软历史内涵的文化被着重提上议事日程，文化成了国家间博弈的赌注。在思考传播的过程中，回归文化并不是要回归文化主义，从而进行文化崇拜。回归文化是对国际化传播中的当下崇拜和信息崇拜的批判性反应。文化崇拜是文化被纯粹化和高雅化的结果，主要源自文化与身份、意义与民族创新的相关性，比较关注身份的构建。对文化的过度崇拜会忽略国际传播背后存在的不同国家、群体、阶层之间的权力关系，容易使人忽略当前文化传播主要通过文化工业传播的事实以及由此产生的文化产品的二重性：经济性与文化性。

因此，在国际化背景下的文化产业活动中，要避开崇拜当下、崇拜信息和崇拜文化的误区，应采用历史主义视角与多种学科相交叉的方法，来研究文化产业活动背后的权力关系及其影响。

第四章　新媒体传播的探索

本章的主要内容是新媒体传播的探索，介绍了新媒体在各个领域的应用探索。本章由四节组成，分别是新媒体传播与数字技术、新媒体传播与文化、新媒体传播与艺术、新媒体传播与经济。

第一节　新媒体传播与数字技术

一、数字摄影

数字技术使摄影业发生了革命性的改变，无论是记录图像信息的器材，还是提高图像质量的方法，制作、传播、储存图像的手段，都在进行全面革新。对数字图像媒体来说，数字技术带来的最主要的变化在于大大缩短了照片从拍摄到传播的过程，如可以迅速地通过网络进行传播，这使照片的时效性和生命力更强，而传播的快捷反过来又促进了这个领域顺应信息时代的发展。

有一点需要提到，数字技术的提高让拍摄者对影像的改变更容易了，甚至呈现在公众眼前的照片可能根本就没有存在过，“眼见也不一定为实”。因此有人顾虑，运用数字技术拍摄照片太容易弄虚作假了。其实，在传统摄影中，通过拍摄过程和暗房操作弄虚作假的照片也同样时有出现。应该说，这并不是技术自身的问题，而是从业规范和职业道德的问题。

（一）数字摄影的发展

数字摄影的光学成像原理与传统照相机一样，但前者不用感光材料，而是采用数字信息处理手段，将传统的拍摄、冲洗、印放过程等转变为输入（采用数字相机，利用影像传感器接收成像信号，并转换成可供计算机处理的数字信号储存在磁盘上）、处理保存（使用计算机对数字影像信号进行修整或创作并保存起来）和输出（通过数码打印机、数字冲印设备获得传统的彩色照片）。

数字相机（又称数码相机）作为传统相机的数字化产物，是一种与计算机配套使用的数字影像设备，它的出现使传统的摄影技术发生了革命性变革。最初的数字相机出现于20世纪70年代，用于通过卫星从太空向地面传送照片，以后逐渐转为民用。同其他计算机产品一样，数字相机的发展也日新月异，技术水平不断提高，性价比不断改善，并迅速进入千家万户。

与老式相机相比，数字相机具有更多意想不到的特点。第一，即时性。数字相机“即拍即得”，拍摄立马成像，无须等待，即可挑选出自己满意的照片。这是老式相机不具有的特点，老式相机不能即时得到拍摄照片，因此也无法做到边拍边选，浪费大量胶卷。第二，经济性。数字相机内置存储器，可以循环使用，不需要使用胶卷也能存储大量照片，非常经济实惠。第三，易保存。数字相机中存储的照片可以复制到各个终端，并且没有次数限制，同时数字照片可永久保存，不容易失真和褪色。而老式相机拍出来的照片和底片时间久了往往会出现褪色、发霉等现象。第四，易编辑加工。数字相机拍摄出来的照片可上传到计算机上，用专门的图片编辑软件进行加工，常见的照片编辑软件有Photoshop（简称PS）、美图秀秀等，利用这些软件可以弥补数字照片存在的瑕疵，另外，这些软件还有美化功能，可以为数字照片创建标题，将数字照片制成杂志封面、节日贺卡等产品或更改数字照片原有的背景。将编辑好的数字照片上传至计算机或手机中，可以实现照片打印和照片分享。老式相机拍摄出来的照片需要先经历冲洗、扫描等步骤才能实现数字化处理。

当然，老式相机并不是毫无可取之处，它也有独特的优点，老式相机拍摄出来的照片更有层次感、质量更高，胶卷解像更细致、色彩还原更逼真。相对来说，数码相机在呈现图像细节方面仍不够完善，尤其是将数码图像放大数倍后，其成像效果没有胶片好。所以，在艺术创作、广告拍摄、影视拍摄以及画册拍摄方面，老式相机仍有很大的市场空间。

随着互联网技术的发展，数码相机以其众多的优势迅速占领市场，并在多领域得到了广泛的应用，尤其是影视拍摄、婚纱摄影、广告拍摄、新闻摄影等领域。随着人们经济水平的提高，数码相机在国外的销量居高不下。国内数码相机的销量呈现出增长态势。

受数码相机流行的影响，世界各地的老式相机制造商和胶片生产厂家开始缩减或终止老式相机制造和胶片生产业务。尼康公司于2006年1月11日表示，停止生产大部分胶片相机、手动镜头，未来将致力于开发数码相机。

（二）数字冲印

虽然数码相机具有即拍即现、操作简单的优点，但它也存在着一些缺陷，比如，数码相机拍摄出来的照片只能储存在电子设备上，当人们想要一本实物相册时，就需要花费更多的资金使用专业打印机打印这些照片，这种方式不仅耗费打印原材料，打印出来的照片质量也比较差，因此就有了数字冲印。

随着数字相机的普及，与其相关的辅助产业也得到空前发展，数字冲印技术很快得到摄影行业的认可。数字冲印与数字相机相互影响、互相成就，数字相机的广泛应用带动了数字冲印技术的飞速发展，数字冲印技术的飞速发展又提高了数字相机的销量，可以说数字相机与数字冲印技术的完美结合推动着摄影行业的发展。

数字冲印是感光行业的前沿技术，数字冲印技术与传统的照片冲洗技术完全不同，简单来说，数字冲印就是利用彩色扩印机中的激光，将数码照片的数字信息曝光在银盐相纸上，再用传统的冲洗技术冲洗出来，下面具体分析数字冲印技术所具有的优点。

1．兼容性好

当今时代，信息技术不断发展，数字照片具有多种多样的储存方式，无论是储存在硬盘、优盘还是记忆卡上的照片都可以实现数字冲印。另外，传统胶卷照片也可以实现数字冲印，具体操作方法为先利用扫描设备将传统胶卷相片的底片扫描成电子版，进而实现数字冲印。总的来说，数字冲印可以在改变存储和输出方式的基础上实现数字与传统之间的转换，兼容性较强。

2．成本较低

与冲洗或打印方式相比，数字冲印的价格更低。冲印一张六寸（一寸≈3.33厘米）的数字照片大概需要0.6元，与胶卷费用和冲洗费相差不大，但老式相机拍摄出来的照片无法做到即拍即现，因此只有冲洗出来后才能发现相片存在的问题，这增加了废片成本，而数字冲印可以完美避开这个问题，在计算机上提前筛选出满意的照片之后再冲印。因此综合来讲，数字冲印的成本更低。

3．图片质量高

目前市场上许多打印机的宣传广告都打出了“照片级别的打印效果”这样的口号，这反映出打印机的印刷品质在不断改善，也从侧面反映出数字冲印的印刷品质基本上要比打印机的印刷品质高。（相机的品质、摄影师的拍摄经验、胶片的质量和相机的参数设置等都会对相片的质量产生一定的影响。）

4. 冲印方便

随着网络和电子商务的普及，宽带＋数字冲印＋电子商务的网络模式开始出现。用户可以通过网络将存有照片的文件发到指定的地址，实现网络冲印，足不出户就能享受到快捷、高质量的数字冲印服务。

（三）卫星数字摄影

卫星技术和数字摄影技术的结合，使摄影的方式和角度发生了巨大变化，同样也使影像信息的传播方式发生了巨大改变。1999 年 9 月 24 日，一颗名为伊科诺斯（IKONOS，希腊语，意为图像）的卫星在美国加州范登堡空军基地发射升空，这是卫星数字摄影商业化、民用化的开始。

伊科诺斯卫星重约 730 公斤，在距地面 680 千米的高空以每秒 7 千米的速度每天绕地球轨道两次。地球的每个角落都在其“视线”之内。伊科诺斯上最主要的装备是美国伊士曼 · 柯达公司设计的高清晰数字拍摄系统，能够分辨地面上 1 平方米以上的物体。拍摄的影像经压缩后传送回地面，只要经过 30 分钟的处理即可得到相应的照片。

伊科诺斯的出现至少从三个层面使新闻报道发生改变：自然灾害、战争、环境报道最优化，即最大限度地展示全貌；它的出现突破了以往采访的禁区，使得对同一地区前后变化的比较成为可能。不仅如此，卫星影像还能帮助有关部门了解火情、判断植被分布、观察人口密度、评估损失、制订重建计划、监测环境变化、预测农作物的产量和病虫害以及帮助更多的产业掌握信息，提高工作效率。

除了经营伊科诺斯卫星的美国空间影像公司，美国的地球观察公司、轨道图像公司多家企业都在制造、发射类似的卫星，多个国家都在进行该项研究工作。

目前全球卫星影像解析度较高的有美国数字地球公司的捷鸟、空间影像公司的伊科诺斯等。其中捷鸟能提供最高为 0.61 米的高精度影像，代表着全球商用的最高水平。美国数字地球公司的捷鸟卫星由鲍尔航天技术公司、柯达公司和福克空间公司联合研制，于 2001 年 10 月 18 日在美国的范登堡空军基地顺利发射升空，并于同年 12 月开始传回数据。捷鸟卫星从 450 千米高度的太空固定轨道拍摄地球表面上的地物、地貌等空间信息，最大成图比例尺可达 1 ∶ 1500 至 1 ∶ 2000，其黑白波段的影像分辨率高达 0.61 米（即宽度为 61cm 的物体在捷鸟卫星黑白影像中就以一个像素点存在），彩色的分辨率为 2.44 米，它是全球首颗突破1米以下分辨率的商用光学卫星。且捷鸟卫星为太阳同步卫星，平均4~6天即可拍摄同一地点的影像。目前研发人员正在提高下一代捷鸟卫星的技术，以期获取0.5米分辨率的影像。

在卫星图像方面，美国五角大楼每年都会给予其三大主要合作伙伴美国数字地球公司、IKONOS和谷歌地球数十亿美元的资助，这些公司的卫星数据将在第一时间交给五角大楼作为军事应用，而且针对某些敏感区域拍摄的影像在规定的时限内不允许商业交易。当然，这些公司还是会将限制之外的影像出售，我国很多单位也和美国数字地球公司有业务合作。

（四）谷歌地球

谷歌地球是谷歌公司开发的一款虚拟地球仪软件，它把卫星照片、航空照相和地理信息系统（GIS）布置在一个地球的三维模型上，用户只需下载一个客户端，就可以浏览全球各地的高清晰度卫星图片。

谷歌地球来源于锁眼公司原有的旗舰软件，成立于2001年的锁眼是一家卫星图像公司，从事数字地图测绘等业务。它提供的锁眼软件允许网络用户浏览通过卫星及飞机拍摄的地理图像，这一技术依赖于数以TB（太字节）计的海量卫星影像信息数据库。

2004年10月27日谷歌收购了锁眼公司，并于2005年6月推出了谷歌地球系列软件。整体来说谷歌地球和以前的锁眼软件并没有什么太大的差别（影像数据、功能都差不多，只是界面做了调整）。但与锁眼软件的运营思路不同的是，谷歌将谷歌地球基本版本定义为免费软件，可以不限时间自由使用，而锁眼软件以前只允许试用7天而已。

谷歌地球的卫星影像并非基于单一数据来源，而是卫星影像与航拍的数据整合得出的结果。其卫星影像部分来自美国数字地球公司与地球卫星公司（美国公司，影像多来源于陆地卫星7号），航拍部分的影像来源有蓝天公司（英国公司，以航拍、地理信息系统／全球定位系统相关业务为主），桑伯恩公司（美国公司，以GIS、地理数据、空中勘测等业务为主）等。

谷歌地球上的全球地貌影像的有效分辨率至少为100米，通常为30米（如中国大陆），视角海拔高度为15千米左右，但针对大城市、著名风景区、建筑物区域会提供分辨率为1米甚至0.5米左右的高精度影像，视角高度分别约为500米和350米。中国大陆就有很多高精度影像的地区。另外，大坝、油田、桥梁、高速公路、港口码头与军用机场等也是谷歌地球重点关照的对象。

二、数字广播

广播有广义和狭义之分，广义的广播指通过无线电波或导线向受众播送声音节目，或图像和声音节目的传播媒体和传播活动。狭义的广播专指声音广播，这里介绍的数字广播指狭义广播。

作为大众传播媒体，广播与社会发展、科技进步息息相关，如今世界，数字技术在改变人们的传统观念、生活方式和工作方式的同时，也将影响传统的媒体业。在网络化、信息化的大背景下，数字音频广播（DAB）、数字多媒体广播（DMB）、网络广播、卫星数字广播等应运而生。

（一）数字音频广播

数字音频广播是第三代声音广播，它主要有卫星、地面两种传输方式，它们之间并不排斥，而是互相补充、协调发展。地面广播层层接力的发射方式无法实现有效覆盖，而卫星广播覆盖面广，但受卫星直播特性的制约，虽然无遮拦的情况下它的接收效果令人满意，而在城市建筑物密度较高的环境下，甚至在同一座建筑物内不同方位的房间中，卫星广播的接收效果就会受到不同程度的影响。相反，DAB 地面广播移动性能好，容易开发数字多媒体业务，可大大节省发射功率，比较适合开发本地业务。

与模拟音频广播相比，数字音频广播具有很多优势：一是音质纯正，信号几乎零失真；二是抗干扰和抗电波衰减能力强，不受多路径传播的干扰，可高速移动接收，甚至在使用便携式收音机和汽车收音机时也没有杂音和干扰；三是它的压缩技术使每个广播电台所使用的频带非常窄，能够大大增加可利用的频率数量；四是地面广播和卫星广播均能采用同一技术；五是可以提供传输数据等多种新业务，其功能大大扩展，如可以“看”收音机，要想知道正收听的歌曲出自哪张光盘，只要按一下相关按钮，就能在显示屏上看到该光盘的背景资料，甚至还可以看到演唱者，达到音色俱全、图文并茂的境界。它也具备存储资料的功能，可同时提供如交通状况、公交乘车指南、广播节目时间表、新闻、股市行情甚至市场分析等信息，还可以和互联网相连，实现互动。

在使用体验上，DAB 与传统的调幅（AM）或调频（FM）广播也截然不同。DAB 广播只需要用户记住相当有限的几个频段即可，每个频段属于一个特定的综合性电台，而每个电台又可以在这个频段内设置 5～6 个频道。如对一个古典音乐爱好者来说，收听 DAB 广播的典型步骤是调到电台（如英国广播公司）所在的播出频率，然后进入其下的音乐子频道，最后再进入古典音乐频道，就像打开菜单一样。

1. 数字广播制式

目前的数字广播制式（即数字广播信号的处理和传输标准）有10种左右，包括尤里卡147、世广卫星、带内同频、综合业务数字广播、数字版权管理等。但是国际电信联盟认可同时也是世界上影响最大的制式是欧洲开发的尤里卡147系统，该制式工作在超短波的甚高频频段（174～240MHz）和微波的L频段（1452～1492MHz）。

早在1981年，德国广播技术研究所便开始了DAB相关编码技术的研究工作，1987年尤里卡147成为欧洲高科技重点开发项目之一。1988年9月，欧共体在世界无线电行政大会上首次进行了尤里卡147–DAB的试验，证明其声音质量可以与小型镭射盘（CD）音质相同。经过多年的不断改进、完善，1994年尤里卡147被国际标准采用，1995年秋，英国和瑞典等国家正式将其投入商业运行。尤里卡147–DAB制式是一种典型的DAB系统，除了欧洲，尤里卡147–DAB制式在世界上其他一些国家和地区也得到了一定的发展。如亚洲太平洋地区，亚洲太平洋广播联盟从1992年以来一直强调建立全球统一的DAB制式，并十分青睐尤里卡147系统，其成员国中的印度、澳大利亚、新加坡、中国等均采用该系统。目前我国使用的就是尤里卡147–DAB规范及其ETS300401标准，我国还按照上述标准自行研发了发射机的三个关键部件：复用器、信道编码调制器以及接收机中的专用芯片。

由于世界各国DAB发展思路不同，各国所采用制式标准也各不相同。除了尤里卡147系统，美国的带内同频DAB制式也是国际上主要的DAB标准。因为该制式工作频段和现有AM、FM频段相同，因此称为带内同频，又称为高清无线电广播，简称HD Radio，2002年10月，带内同频被美国联邦通信委员会批准作为美国地面数字音频广播的传输标准，美国各AM和FM广播电台可以在自愿的基础上，开始采用带内同频系统进行由模拟向数字播出方式的过渡。带内同频系统的优点是在原有AM和FM发射设备的基础上，增加少量设备和少量投资，就可实现数字音频信号与原有的模拟广播信号用同一频道发射。这样，一方面保留了原有的模拟系统，另一方面，不需要为DAB业务准备新的频率规划，达到了频率复用的目的，节省了频率资源。经过改造的DAB接收机声音效果明显提高，从而最大限度地降低了广播业在数字化进程中所受到的影响。

美国的带内同频在世界其他一些国家和地区也得到了一定的发展。巴西在

2007年底全面将“带内同频”作为国家标准；墨西哥已经批准将“带内同频”技术用于墨美边境所有电台的数字化转换；菲律宾已采用带内同频技术作为FM广播数字化转换的标准，并正在评估将带内同频技术用于AM广播数字化转换的可行性；加拿大广播电视管理机构和加拿大工业部已经确认，任何电台都可以申请带内同频信号的许可证。另外，阿根廷、德国、中国香港地区，新西兰、菲律宾等国家和地区也已经或正在测试或开展带内同频技术运营。

2. 地面数字音频广播的发展

欧洲是全球最早推广DAB的区域。也是DAB快速增长的地区。1995年9月27日，英国广播公司率先进行了地面DAB广播，瑞典、丹麦、法国、德国、荷兰紧随其后，至此，DAB广播正式投入运营。英国2004年DAB接收机销售量突破100万台，较2003年增长170%以上，成为全球第一个DAB接收机年销量突破百万台的国家，这个销售量在2005年增长到300万台左右。与此同时，广播电台的数字广播频道也越来越多，节目也越来越多样化。作为DAB发祥地的德国，已明确规定将在2015年停止使用FM、AM。美国因为技术标准统一较晚，在数字广播技术的实际应用上落在了欧洲国家后面。

不仅在欧美发达国家，在亚洲的韩国、新加坡等国家数字音频广播也发展迅速，传播的内容也不只限于声音节目，接收设备也不仅仅局限于数字收音机，像笔记本电脑、手机等都可以作为接收终端，不同国家和地区的听众皆收听到多套数字音频广播节目。

中国的数字音频广播经历了十多年的发展历程，我国发展DAB不能完全照搬欧美国家经验，只能根据中国实际情况选择DAB的播出制式、频率、覆盖场强、干扰保护措施等，制订切实可行的方案和发展时间表。原中华人民共和国广播电影电视部自1992年6月就通过了开展DAB重大科研的可行性报告，并根据中国和欧盟关于数字音频广播项目的合作规划，1996年12月在广州、佛山和中山建立了DAB-T先导网，进行了单纯的声音广播、声音和数据广播以及电视和多媒体广播等试验，后来又在北京，廊坊、天津建立了DAB-T实验网。在地面数字声音广播方面，1999年，珠三角DAB先导网与欧洲共同体合作，随后出现了广东粤广数字广播公司和北京悦龙数字广播公司两个专门的数字广播运营实体。2005年4月18日，北京悦龙开始在北京地区试播DAB业务，同年，上海东方明珠集团在上海启动DAB运营试验。2006年5月，国家广播电视总局颁布了《30MHz-3000MHz地面数字音频广播系统技术规范行业标准》（GY/T214-

2006)，并确定在北京、上海、广东三地进行地面数字音频广播试点。从 2008 年 9 月 6 日起，北京六环以内的居民都可以通过支持移动数字音频广播 DAB 技术的手机、MP4 等终端设备收听若干数字广播频道。作为北京数字奥运手机电视产业示范的一部分，这一项目备受瞩目。但是，由于 DAB 接收机价格太高，国内的 DAB 产业链和商业模式还不成熟，DAB 的推广总体上还处于总结试验经验、探索运作模式，推进产业形成的阶段。

尽管模拟广播终将被 DAB 广播代替已是人们的共识，但 DAB 广播在发展中也遇到了不少难题，如 DAB 广播必须投入巨大资金，广播电台需要购置昂贵的制作播出设备，用户的接听设备也可能需要更换。目前欧洲国家已采取得力的市场对策来推动 DAB 的普及，甚至进行立法调控。

3. 卫星数字音频广播的发展

卫星数字音频广播指利用广播、卫星向地面转播数字声音广播信号，供一般公众直接接收的广播方式。随着卫星通信技术和数字技术的快速发展，利用卫星直接对个体进行广播成为可能。世界上最早的数字卫星广播，是用于直接固定接收的无压缩卫星广播，一个卫星转发器可以传送 16 套数字立体声节目，但因为没有使用数字压缩技术，频谱利用不够经济实惠。

20 世纪末，经国际电信联盟认可的世广卫星集团推出的卫星数字音频广播系统登上世界舞台。这套系统计划由亚洲之星、非洲之星和美洲之星三颗地球同步卫星、广播上行站、数字接收机及地面控制运营网组成，向全球直接播放数字音频广播，覆盖面超过 120 个国家。它不仅在音频广播领域独具魅力，而且给多媒体广播、娱乐及信息传播领域带来了一场革命。1997 年，在中国电信广播公司和世广的配合下，我国进行了 L 波段数字直播卫星音频广播试验①，试验结果显示：世广卫星可达到我国地域的 95% 以上、人口 99% 以上的覆盖；可以对西新工程中七省区进行有效覆盖；可以对中央人民广播电台的其他覆盖盲区进行有效的补充覆盖；可覆盖我国所有的铁路线，为铁道部在移动列车上给旅客提供广播新闻服务保证了节目信号；适合汽车的移动接收，为广播电台满足听众的移动接收需求，提供了一种比较有效的技术手段。

① 张秋野．有关L波段直播卫星数字音频广播技术及试验情况[J]．广播与电视技术，2002(4)：76—81．

（二）数字多媒体广播

1．从 DAB 到 DMB

欧洲开发 DAB 的初衷主要是提高声音播出质量和提供在高速移动接收声音信号的功能。和模拟广播技术相比，基于数字技术的特点及独特的信道编码技术，确实使 DAB 的播出质量可以达到 CD 水平，同时兼有较强的移动接收能力。但在现代市场经济条件下，任何一项技术的应用和发展，都必须接受市场法则的检验，市场认同的技术或产品才有发展潜力。基于广播听众的现实需要和消费心理，DAB 开始向数字多媒体广播 DMB 转变，这一转变为广播业务的发展开辟了广阔空间。

与 DAB 广播不同的是，DMB 广播不再是单纯的声音广播，而是在高质量声音广播的基础上开发了多种形式的数据业务，同时传递图像、文字、数据以及活动影像等多媒体数字信号。DMB 用户终端有多种选择：如果只收听音频节目，可以使用家用、车载、手持的数字广播收音机，或者具有移动多媒体广播接收功能的 MP3 等；如果既听音频节目，也看视频节目，并享受数据服务，则可以通过具有移动多媒体广播接收功能的手机、车载接收机、全球定位系统（GPS）导航仪、MP4、掌上电脑（PDA）等多种终端进行接收。

从 DAB 到 DMB 的跨越不仅仅是简单的技术进步，DMB 提供了一个数字化的平台，使广播这种单一的听觉媒体成为集视觉、听觉通道为一体的综合媒体，原有的电台发展为广播台，DMB 示意图如图 4-1-1 所示。

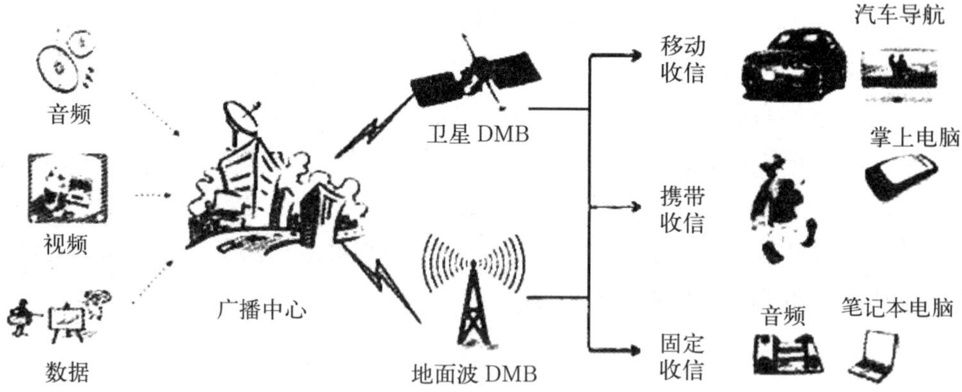

图 4-1-1 数字多媒体广播

DMB 用户可以在地面高速移动的状态下高质量地接收声音、数据信息和视频节目，也可以在室内外的固定场合采用便携式或固定式接收。因此，DMB的出现，使数字广播有了挑战数字电视和电信业务的实力，手机、计算机、随身听、PDA等移动接收设备都可以成为DMB的终端。凭借广电足够的带宽，数据广播可以实现实时信息接收，随时收取如财经新闻、交通和实用消费信息等，这和目前电信运营商提供的增值服务很相似。更为微妙的是DMB与地面数字电视的关系，由于频谱资源不同，DMB主要针对较小的屏幕，而现在公共交通工具上的移动电视几乎都是大屏幕的，二者的区别仅在于大小。两者同处于广电系统中。

2. 数字多媒体广播的发展

在全球范围内,DMB还是一项新兴业务。2004年3月，韩国电信公司(SKT)和日本移动广播公司（MBC）联合发射了全球第一颗用于移动终端的广播电视通信卫星——MBSatl，其两个波束分别覆盖韩国和日本。2004年10月，日本正式开始提供卫星数字多媒体广播（S-DMB）服务。2005年5月1日，韩国在已有的S-DMB和码分多址网络基础上，开始进行地面数字多媒体广播，DMB最大的优势是便宜，电信的网络要按流量收费，而广播的收费则要低很多。2008年，韩国的DMB市场规模达到8亿美元。2005年，欧洲多个国家的DMB也陆续试验播出。

我国政府在广东佛山开展的数字广播试验也已完成了从DAB向DMB的技术过渡，随后，在珠江三角洲成功进行了DMB试播。2003年8月，佛山电台、粤广公司的工程人员成功地在佛山的公交汽车上安装了首台数字多媒体广播（DMB）接收机，使乘客享受到高质量的广播和实时视频新闻。截至2007年，上海、广州、北京、大连等地已经开始了DAB/DMB运营。广东地区的DMB运营由广东粤广数字多媒体广播有限公司负责，该公司2003年正式成立，2006年启动DMB运营试验；大连天途有线电视网络股份有限公司负责大连地区的DAB/DMB运营。2007年9月正式推向市场，我国DAB/DMB在经历技术和政策准备之后，开始进入实质性运营阶段。

（三）网络广播

当前，移动电话和车载应用市场上所采用的FM收音机，仅能接收地方电台的调频广播节目，短波收音机虽然能收听更多的无线电台节目，但如果出现极端天气，其信号质量将会受到影响，而且短波收音机放置在室内时其收听效果往往大打折扣。随着互联网技术的发展，网络收音机应运而生，完美解决了上述所有问题，网络收音机使听众不受时间空间限制，收听各种各样的网络广播电台，听众可以随时随地收听世界各地的广播信息，并且不受天气变化影响。

网络广播具有许多无线电广播不具备的优势。它的信息传播范围广、传播迅速，信息内容丰富，可循环播放，易于分享，集文字、图片、音视频表现形式于一体。网络广播有两种播放形式，即现场直播和点播，现场直播是在实时报道中使用的；而电视台将正在进行的节目通过网络实时播放给观众看，就是直播。直播具有及时、快捷等优点，观众可实时观看到最新的电视节目。点播就是按照节目的内容，把节目分成几个部分，观众可以按照题目或者类别来选择自己喜欢的部分。点播的方式有很强的针对性，观众有更多的选择权，同时能节约大量资源。

随着宽带网络技术的不断进步，网络广播得以广泛使用。不少媒体发现网络广播具备实际应用难度小、设备投入小等优势，因此纷纷进军网络广播领域。20世纪90年代，美国广播公司将互联网用于全球广播，从这以后，各大国际广播公司开始探索网络广播：美国之音将五十多个语种应用于网络；英国广播公司也将多种语言的电子版广播推上网络，并且都实现了在线广播；法国国际广播电台用多种语言在网上进行新闻广播。在我国，1996年10月，广东人民广播电台率先在互联网上建立自己的网站，成为国内电台上网的先行者。上海广播电台、东方广播电台、中央人民广播电台、珠江广播电台北京广播电台等也先后建立网站并推出网络广播。1998年12月，中国国际广播电台网站正式推出，将使用华语(普通话、粤语)、英语、德语和西班牙语进行广播的节目送上了互联网，1999年底，又将日语、朝鲜语、俄语、法语、葡萄牙语多种语言节目上网，初步形成了用多语言广播（包括华语、英语两路直播和其他录播节目）的多媒体新闻网站，在重大事件和重大活动中也充分利用网上广播。至今，国内已有几百家广播电台开通了网络广播。

总之，数字技术的普及和势不可挡的应用，给广播提供了再次腾飞的机会。数字广播将传统模拟广播的单一声音业务拓展为同时传递多种媒体的数字业务，是广播技术发展的未来趋势，为广播的发展开辟了全新的道路。

三、数字电视

数字电视不仅仅指我们日常所用的电视机，数字电视机只是数字电视的终端接收设备。所谓数字电视指从电视节目采集、制作、存储、播出到发射、传输、接收，全部采用数字编码与数字传输技术的新一代电视系统，它不仅能够为观众提供更高质量的服务，而且可以提供多种类型的服务：单向数字电视广播；单向数据应用，如软件在线升级、数据广播、股票信息广播等；交互式多媒体应用，如视频点播等。

数字电视是21世纪电视技术的主流，势必给电视业带来革命性的变化，它的出现不仅影响到电视机构运营流程，而且将改变观众的收视习惯（如它不等同于免费模拟电视的广告经营模式，部分频道采用付费模式，分频道定价以便用户选购），乃至改变电视业的产业格局和管理体制。

（一）数字电视带来的变化

现在电视台用于制作电视节目的设备大部分都是数字设备，分配给演播室和各站点之间都是数字化的信号。不过观众接受的一般是模拟信号，这是因为观众通过卫星广播或有线电视收看节目，处于信息传输终端，除了信息传输终端，其他各个环节都是在数字领域完成的。以电视新闻为例，在新闻发生现场，记者利用数字摄像装置采集信息，通过数字卫星传输装置将其回传到节目组；节目组利用数字化设备对信息进行解码，随后再利用数字化设备剪辑演播室中录制的节目，接着数字化的新闻影像再被数字化地传输到世界各地；最后直接传输数字信号给部分观众，或转换数字信号为模拟电视信号发送给另一部分观众，目前，这最后一步也正在进入全面数字时代。

那么，与模拟电视相比，数字电视到底给我们带来了哪些变化呢？

1. 更高质量的图像和更多的频道

数字电视可以提供更高质量的图像，二者比较就像CD与录音带，小巧而高质量的CD没有改变听音乐的方式，却极大地提高了质量。数字电视信号经过多次转接切换和远距离传输，基本不会有干扰和失真的积累，抗干扰性能强，接收图像质量好，几乎没有模拟电视的雪花、重影现象，电视画面清晰，图像效果接近数字多功能光盘（DVD）水平，伴音接近CD水平。数字电视系统主要由数字集成电路组成，系统的性能和可靠性大幅度提高，它可以实现模拟电视不易实现的高质量功能，如时轴处理、制式转换、特技等功能。数字电视也更便于对电视信号进行实时处理，以实现图像质量的改善、频带的压缩、二维滤波等功能。

数字电视还给我们提供了更多的频道，它的频率资源利用率高，能提供数倍于模拟电视的节目量。并易于将图像信号和伴音信号时分复用，充分利用数字信号的优势，如数字压缩技术的使用，可以使一个8MHz带宽的模拟电视频道，经数字化处理后，变成6～8个数字标清电视频道或一套数字高清频道。因此，通过数字电视网络，能够同时传输几百套电视节目，用户可以根据自己的喜好和需要，从丰富的影视节目中自由选择。

2．播出方式的变化

过去的广播是面向最广泛的大众群体播出。但在信息时代，受众兴趣趋于多元化。随着经济水平的提高和科技水平的进步，原本统一的社会文化结构开始分化，社会形态也发生了翻天覆地的变化，人与人之间、阶层与阶层之间、团体与团体之间的价值观、生活观、社会观以及消费观都出现不同程度的差别，不同人群对电视节目的要求也不同，虽然人们都会关注一些重要的新闻信息，但对于一些影视剧、电视综艺很难做到“口味”统一。另外，受众更关注自身的利益，权利意识也大大增强，不再关注电视业“给我看什么”，而是更在乎“我要看什么”。

自主性、分群化社会的逐步形成，为电视传播中受众中心地位的确立提供了社会基础。电视传播者不再把受众视为一个无分别的整体，而是针对受众的不同群落和不同需求层面，分别实施特定的传播策略（即从共享型传播向分享型传播转化）。在广播电视频道和电视栏目的设计方面，或者是在广播电视台的宏观定位与电视节目的微观规划上，都开始精挑细选受众感兴趣的内容，从而为广播电视台建立群众基础。

事实上，这种改变始于模拟电视的年代。相关学术专家与电视产业界人士对频道专业化展开过激烈讨论，认为我国电视媒体未来的发展方向应当迎合频道专业化；而频道专业化需要依托先进的信息传播技术得以实现。中央电视台于2001年7月9日，实施了频道专业化改革，开设了两个专业频道，此后一些地方台、如北京电视台、湖南电视台也开始了频道专业化改革。

而数字电视可以提供更多的频道，为大众传媒“越来越小”提供了技术上的支持，使电视媒体面向个性化小群体提供服务的改革思路得以实现。

以中央电视台为例，目前，中国中央电视台有16套开路播出的电视节目，并开通了一个高清晰度电视试验播出频道。16个开路频道为综合频道、经济频道、综艺频道、中文国际频道、体育频道、电影频道、少儿·军事·农业频道、电视剧频道、英语国际频道、科教频道、戏曲频道、社会与法频道、新闻频道、少儿频道、音乐频道、西班牙语法语频道（2004年开播，2007年10月1日被拆分为西班牙语频道和法语频道，内容几乎涵盖社会生活的各个领域。同时中央电视台还开办了12个数字电视付费频道和28个网络电视频道。数字电视付费频道包括风云足球、第一剧场、风云剧场、世界地理、风云音乐、怀旧经典、高尔夫·网球、CCTV-娱乐、CCTV-戏曲、央视精品、国防军事和女性时尚。网络电视频道包括新闻、央视关注、纪录、旅游、历史、英语、杂技、电视剧、综艺、相声、气象、科技、美食、小品、音乐、体育、生活、卡通王国、时尚、京剧、少儿、经济、法制、教育、游戏、话剧、魔术、人物等。

3. 服务方式的变化

数字电视取代模拟电视，数字方式取代模拟方式，这不仅仅是技术的更新，更是服务方式的提高，从此以后，电视的功能越来越多、提供的服务越来越好、性价比越来越高。正如数字化的移动通信技术不仅提高了通话质量，还增添了新的手机功能，如短信功能和多媒体功能，数字电视也会不断发展，为用户提供更多新的服务。实际上，数字电视与模拟电视最大的区别不是图像及声音的改善，也不是能够为付费电视找到一个合适的切入点，而在于它可以成为一个综合性的多媒体家庭信息服务平台，提供个性化、互动性的服务，如交互电视、会议电视、电视商务、数据广播等，让观看者变成使用者。用户还可以获得更多混合型服务，如电视和互联网的混合资源服务，这项服务使得在电视上可以做的事情在个人计算机上也能做，反之亦然。

4. 传输手段和接收方式的变化

数字电视的传播模式非常灵活，电视广播网络已经覆盖我国大多数地区，形成天上卫星，地面无线、有线相结合的立体覆盖网。此外，电视传输手段还包括卫星直播、网络电视、移动电视、手机电视、楼宇电视等多种新传播形态。传统的广播电视就是固定地接收，看电视时坐在屋子里的沙发上。有了数字电视，观众不仅在家中可以看电视，走在路上、坐在车上乘坐电梯时、上网冲浪时……都可以看到电视，只要想看就可以看得到。数字电视已经形成了多层次、多网络、纵横交错的传播结构，几乎无处不在。

5. 盈利模式的变化

从营销角度讲，数字电视是一个产品，是运营商提供给用户的由数字电视节目、终端收看设备以及相关服务组成的综合性产品。它包括三部分：一是软件产品部分，即数字电视节目，这部分是整个数字电视产品的核心产品；二是硬件产品部分，如数字机顶盒+模拟电视机或数字电视接收机这类的数字电视终端；三是服务，包括数字电视设备安装服务、日常维护服务、远程节目订阅、互动节目等。

传统电视以广告为主要收入来源，在电视台总收入中占比很大。但是，这十年来，广播电视的广告收入总体上呈下降趋势，广播电视今后的发展需要有一个新的空间。数字电视可以提供多种服务，从而使广播电视经济增长的收入空间扩展为收视费的收入，信息费的收入，提供各种商务服务、获得服务费的收入等，使广播电视从单一赢利模式逐渐向多元赢利模式转变。

但数字电视也有广告收入需求，虽然2003年12月1日开始实施的国家广播电影电视总局《广播电视有线数字付费频道业务管理暂行办法（试行）》明确规定：除经批准的专门播放广告或广告信息类服务的频道外，其他频道不得播放除推销付费频道的广告之外的商业广告。然而，付费电视仅仅是数字电视服务中的一部分，它还有许多其他的免费服务，如播放广告的免费电视节目。而且，付费频道是允许以专门播放广告或广告信息类服务的频道存在的，只不过广告收入不再是数字电视的主要收入来源，它在电视台总收入中所占的比例也会大幅度下降。

（二）数字电视的分类

数字电视可以按以下几种方式分类：

1. 按信号传输方式分类

数字电视的信号传输方式有卫星传输、地面无线传输、有线传输、网络传输等，对应的电视类型分别是卫星数字电视、地面数字电视、有线数字电视、网络电视等。

2. 按水平清晰度分类

可以分为低清晰度数字电视（图像水平清晰度大于250线，即LDTV）、标准清晰度数字电视（图像水平清晰度大于500线，即SDTV）、高清晰度数字电视（图像水平清晰度大于800线，即HDTV）。视频压缩碟片（VCD）的图像格式属于低清晰度数字电视水平，数字多功能光盘的图像格式属于标准清晰度数字电视水平。

3. 按显示屏幕幅型分类

可以分为4：3幅型比和16：9幅型比两种类型，其中，16：9的画面宽高比更符合人眼的视觉特性，视野宽、临场感强。

（三）数字电视传输标准

就技术层面而言，欧洲、美国、日本等三大强国的企业与科研机构垄断了数字电视技术。根据资料显示，自1990年起，数位电视相关的专利申请，呈现逐年上升的趋势。1990年至2000年期间，日本申请专利约9000项；美国位居第二，申请了7700多项专利；欧洲各国申请了7600多项专利。这三大巨头，几乎可以掌控数字电视的所有标准。

数字电视标准是一个庞大的标准体系，牵扯到制作、传输、接收等五个主要技术环节和条件接收标准、中间件标准、演播室参数标准、视频编码及复用标准等十个技术标准，其中最为核心的是传输标准，主要包括卫星传输标准、有线传输标准、地面传输标准三种。目前数字电视产业发展最好的三个国家或区域分别是美国、欧洲和日本，并且这些国家（区域）各采用自己开发的数字电视传输标准：美国数字电视标准ATSC、欧洲数字电视标准DVB、日本数字电视标准ISDB。

1. 美国的ATSC标准

1957年，美国联邦通信委员会（FCC）成立了先进电视（ATV）业务的民间咨询委员会，正式开展针对数字电视传输标准的研究工作。美国通用仪器公司（GI）于1990年5月开发了数字电视发展史上具有里程碑意义的技术系统，发布了全数字HDTV传输制式数字密码（DigiCipher）。

在GI提出DigiCipher传输制式之后，Zenith电子公司又提出DSC-HDTV制式，ATRC集团提出了AD-HDTV制式并且建立了实验系统。为辨别系统的优劣，美国成立了一个独立的测试中心（ATVC）对这几个系统进行测试。ATVC主席提出将几个制式融合为一个制式，并于1993年5月正式成立数字电视大联盟，成员包括美国电话电报公司，荷兰皇家飞利浦公司，等企业、研究机构和大学。大联盟于1994年推出数字HDTV大联盟制式，以大联盟的方案为基础，加上了SDTV的两种扫描格式，ATVC于1995年11月将这个新方案提交给FCC；1996年12月24日，FCC正式批准了由ATVC委员会制订的主要用于地面广播数字电视的DTV标准，即美国先进电视系统委员会（ATSC）数字电视标准，ATSC地面数字电视标准后来被阿根廷、法国、韩国等国家接受。

2009年6月12日，美国各主要电视台均停止发送模拟电视信号，从此进入数字电视时代。此前，美国政府曾决定在2009年2月17日全面停播模拟电视信号，但由于政府提供的相关资金不足等原因，模拟信号的播放又延长至6月12日。

2. 欧洲的 DVB 标准

为了避免高清晰度电视技术和市场为他人抢占，欧洲（欧洲共同体）从一开始就全力研制自己的模拟高清晰度制式——MAC。西欧是 1982 年欧洲广播联盟（EBU）设立 HDTV 特别工作组后开始关注 HDTV 发展的。1984 年，西欧建立尤里卡 256 计划，联合起来开发 HDTV 的传输技术。1986 年又通过尤里卡 95 计划，投资 7.2 亿美元开发欧洲 HDTV 的制式 MAC。

1988 年 9 月，西欧尤里卡 95 的 HD-MAC 系统问世。该系统的摄像机，录像机、微波传输系统等曾在国际广播会议（IBC）上公开展出并进行试验。

1990 年 5 月，GI 发布全数字 HDTV 传输制式 Digicipher 后，欧洲人意识到原有的 MAC 模拟制式将被淘汰。1991 年 4 月，欧洲设立视音频数字交互系统计划，与尤里卡 625 计划联合，分工负责数字化信源与信道编码。1992 年 7 月，北欧的瑞典、丹麦和挪威合作，以无线图像传输系统的 HD-DIVINE 在 IBC 上公开进行了全球首次地面频道数字化高清电视节目的发、收演示。

1993 年，欧洲国家在数字音频广播基础上成立了数字视频广播组织，在全球范围内发展和推广 DVB 标准。数字视频广播组织后来陆续发布数字卫星标准（DVB-S)、有线电视传输系统标准（DVB-C）和 DVB 地面数字电视标准（DVB-T)。DVB-S 和 DVB-C 已成为世界范围内很多国家（包括中国）和组织接受的数字电视广播标准。中国的台湾地区于 1998 年 5 月宣布采纳 ATSC 标准，但在 2001 年春，通过对 ATSC/8VSB 和 DVB-T/COFDM 两种地面广播传输方式的对比测试，考虑到移动接收性能而转为采纳 DVB-T 标准，并于 2001 年底开始在部分地区试播。2003 年 4 月，DVB-T 信号覆盖全台湾地区。

2010 年，数字电视在欧洲各国得到广泛应用。欧洲的卫星、地面电视已经比较成熟（与美国相比，有线电视的普及规模不算大)，并且卫星数字电视在欧洲得到迅速发展。1996 年，英国天空公司等卫星电视提供商设计了标准清晰的卫星数字电视节目，由原本的 4～5 个模拟频道增加至一百多个，数字电视实现了从单向到交互式的转变，盈利模式也在持续创新。数字英国是英国 2009 年 6 月 16 日推出的一份计划，该计划指出，到 2015 年，英国各大国有及地方广播电视台都将告别传统的模拟式广播方式，并全部转为数字广播形式。数字英国计划还将支持发展合法的下载市场，个人、企业和社会团体都可以使用网络下载音乐、视频、文件。

欧洲国家的数字交互电视已经发展得相对成熟，拥有较高水准，这种数字交互电视与欧洲人的使用习惯相适应，推出了交互运动、电视购物，交互游戏、博彩等电视交互业务，另外欧洲人还可以使用电视遥控器进行选举。欧洲国家开发交互业务的最初目的是发展卫星电视，为其奠定观众基础，但是最近几年，交互业务让欧洲国家的电视产业取得了很大的进步。

3. 日本的ISDB标准

作为高清晰度电视技术的开创者之一，日本早在1964年就开始了对HDTV技术的研究，并在这个领域里一度领先。1970年，日本研究小组开始了对HDTV的全系统开发；1974年研制成功彩色闭路HDTV系统；1982年制作了第一个HDTV节目；1985年，日本建立了1125线、每秒60帧的MUSE制式。1987年，日本成功通过卫星直播成套节目。1988年，日本率先在汉城奥运会期间进行大屏幕HDTV试播。1989年，日本广播协会（NHK）开始进行面向HDTV的广播演示。到1991年底，日本每天定时播放八小时HDTV节目。索尼公司于1990年底发行了第一盘HDTV录像带，日本电气公司、三洋、东芝、松下等公司也都相继推出各具特色的HDTV系统。

日本原计划要从1985年开始，在欧美尚无抗争能力的情况下，以采用多重亚奈奎斯特取样编码方式用卫星频道进行高清晰度电视广播的系统（简称MUSE制式）取得HDTV世界标准的地位。然而，当把所有精力放在完善模拟电视的清晰度以及降低电视接收机价格上、并期望建立一个全球通用的高清晰度电视标准时，日本几乎没有考虑数字技术发展的大趋势。美国开发出全数字式（即HDTV信号传输采用数字式）HDTV制式后，日本的模拟MUSE制式明显落后。日本于1994年尝试以数字技术取代模拟技术，但受到模拟电视巨头的强力阻挠，这一尝试夭折。日本为实现这一计划损失严重，不但为此付出了更多的沉没成本，还错失了许多难得的发展机会。受数字科技热潮的影响，日本政府不再研发高清晰度电视，尝试重新发展数字电视。

从1993年开始，日本致力于研究综合业务数字广播（ISDB），ISDB同样包括卫星、有线和地面数字电视广播。通过反复试验，1998年11月日本公布了ISDB−T标准草案，后简化推出卫星直播的ISDB—S标准和有线电视的ISDB−C标准。日本政府资助4亿美元部署数字电视实验台，于1999年4月开始发射信号。2000年12月1日，采用ISDB—S标准的卫星直播业务开始，共播出九套数字HDTV节目。南美国家巴西通过对欧洲、美国和日本数字电视标准的测试，决定采用日本的地面数字电视标准ISDB−T。为推动市场开发，日本通过了《更改电波法》，到2011年，日本全国范围内的所有电视台都将采用数字信号发送，彻底结束模拟信号发送的历史。

在美国ATSC、欧洲DVB和日本的ISDB三大标准中，DVB标准发展最快、普及范围最广，而日本的ISDB是三个地面数字电视标准中最弱的一个。

4. 我国的数字电视传输标准

在日本提出ISDB标准之前，世界上已经有ATSC和DVB两种标准可供选择，但日本为了保护本国的电视工业及相关产业的利益，最终选择了自主研发之路。这也使我国从中得到启示，应该制订适合本国特点、具有自主知识产权的数字电视传输标准。如果中国选择了国外的技术标准，那么就必须支付一笔不菲的专利费用，这也意味着，国内数字电视市场，将会被国外的公司所垄断。为此，在数字电视传输标准发展领域，中国政府提出要坚持自主研发，这对民族工业来说是一种保护，同时有助于提升数字电视行业的核心竞争力。

我国在20世纪80年代就已经开始研究与数字电视有关的技术，但参与研究的机构局限在一些高等院校和科研所，如黑白HDTV闭路电视系统就是中国科学院研发出来的。

我国从20世纪90年代初开始进行对数字电视传输标准和体制的研究，之后又不断研发出各种先进技术。国内第一台高清晰度电视样机于1998年6月在北京测试成功，这台样机完全由我国技术人员自主研发，这标志着除了美国和几个欧洲国家，中国是全球第四个自主研制出高清电视地面传输系统的国家。在1999年国庆节期间，我们利用自主研制的高清晰高清电视，成功地对新中国成立50周年国庆典礼进行电视转播。

数字电视传输标准分为卫星传输标准、有线传输标准、地面传输标准，我国卫星电视标准早已经确定为DVB-S，有线电视标准采用欧洲标准DVB-C，而在数字电视领域地位最重要的地面数字标准则使用我国自主产权技术。

2001年国家数字电视专项工作会议针对国内提出的数字电视地面传输方案进行征集，2001年4月30日前，征集到四家标准研究单位提供的五个地面传输方案。这四家单位分别是清华大学、由上海交通大学等十余家单位联合的国家数字电视研发项目总体组、国家广播电视总局广播电视科学研究院和成都电子科技大学。其中上海交通大学提交的单载波方案ADTB-T和清华大学的多载波方案DMB-T最具有竞争实力，多年来僵持不下，最后走向融合。

经历了长达五年的研究、测试和讨论，2006年8月30日，国家标准化管理委员会正式公布了具有自主知识产权的中国数字电视地面广播标准——《数字电视地面广播传输系统帧结构、信道编码和调制》（GB20600-2006）作为强制性的国家标准，2007年8月1日起实施。

标准虽然推出了，但是围绕地面国家标准的争执却没有停止，因为该标准是两种技术的融合，这就给芯片研发、设备制造、运营推广等环节增加了难度，再加上国标出台前已经开展试验的地方还需要强制转换到符合标准的系统上，因此整个市场依然动荡不安。到 2007 年 8 月，将数字电视信号应该开始正式推行该标准，但是事实上新的国家标准却没有按时完成。直至 2007 年 12 月 31 日，香港地区开始正式采用国家标准系统开展地面数字电视业务，才可以说该标准真正实现了商业应用。2008 年，借着北京奥运会的东风，符合国家标准的地面高清数字电视正式开播，地面数字电视标准全面市场化。

虽然最终地面标准得以确立，但在标准争执的过程中，我国地面数字电视技术延误了一定的发展时机，比起我国有线数字电视用户及其丰富多彩的业务类型，地面数字电视发展才刚刚起步。

（四）我国发展数字电视的优势和制约因素

1. 在我国发展数字电视的优势

（1）政策优势

我国政府早在很早之前就开始汇集各方力量，合力攻克数字电视技术的难关，对其进行研究和开发。为了跟上国际技术的发展趋势，政府一直关注和追踪最新技术的进步和发展，最终成功研发出符合国家标准的高清晰度数字电视。得益于政府的积极支持，我国数字电视的发展历程比西方国家要快。数字电视是第十个五年计划中备受关注的高科技工程之一，政府在该领域给予了大力支持，可以说在我国数字电视发展是乘着政策东风的。

（2）彩电产业自身优势

当前，中国已经可以在全球彩电制造业中占据一席之地，许多中国厂商已经具备了一定的生产能力和广泛的销售渠道。这些生产商可以用最低廉的成本制造数字电视设备，并且协助消费者更迅速地熟悉数字电视产品，进而使数字电视产业的发展所需时间大幅缩短。

（3）技术优势

我国目前已经成为全球第四个拥有自主高清晰度数字电视收发系统知识产权的国家，具有一定的技术优势。

（4）我国消费者的偏好

中国仍有部分人喜爱用电视作为日常娱乐和获取信息的主要方式，而相比之下西方国家则不同。

（5）市场规模优势

中国是世界上电视消费市场中的龙头，人们对电视产品的需求强劲，市场需求表现出色，因此，电视观众群体十分广泛。截至目前，几乎所有省份都已经完成了数字电视基础平台的选择和建设工作，并且完成了数字电视系统的规划。此外，已有近百个城市实现数字电视系统的全面覆盖，数字电视在我国具有一定的市场优势。

2. 制约因素

尽管我国数字电视产业潜力巨大，但在商业运营方面，目前仍只有少数几家真正成功地投入，这主要是由于现实情况中存在许多限制因素，包括以下几点因素：

（1）节目内容匮乏

产业发展的基础在于满足人们的需求，在吸引受众支付机顶盒或全数字电视的成本并付出额外收视费的因素中，节目的内容和服务起着至关重要的作用。尽管先进的播出和接收技术以及清晰度和简单的交互功能对于受众来说都很重要，但在吸引受众付费的因素中，更关键的是提供新颖适用、精彩多样的节目内容和服务。受众付费是基于对节目内容的价值认可和需求满足，只有提供有价值和吸引人的节目内容，才能获得观众的认可和让他们产生支付意愿。

我国的节目内容提供市场尚处于发展的初步阶段，尚未建立稳固的框架。尽管有线数字网络节目容量增加到了 500 套左右，但是缺乏相关节目和已有节目缺乏多样性仍然是当前数字电视产业发展面临的主要难题之一，与模拟电视相比，一些数字电视节目在内容上的创新和新意还不够，往往存在较高的替代性。这对数字电视能否吸引付费收视和实现进一步业务发展带来了一定的挑战。

随着数字电视的不断普及，用户对于交互性、点播性、娱乐性、资讯性、服务性应用的需求日益增多，因此如何在政策层面上扶持制作和引进有益的文化节目，推动国内数字电视产业的发展，成为当前我国数字电视产业亟待解决的问题。

我们已经充分认识到节目内容对数字电视业务发展的重要性，这一点可以从世界其他国家发展该业务时所面临的问题中得到印证。因此，我们拟定了清晰的规划：以媒体资产管理为出发点，快速推动全国广播电视节目资源整合，并逐步打造多个节目应用平台。以此为目标，很多广播电台和电视台在处理媒体资产上投入了很多心思，举例来说，中央电视台为了媒体资产的管理，花了极大的费用建立优秀的媒体资产管理系统；上海数字电视节目内容产业得以形成，得益于上海文广集团所创建的媒体资产管理系统，后者为前者奠定了坚实的基础。

2004 年 10 月，国家广播电视总局和中华人民共和国商务部联合发布了《中外合资、合作广播电视节目制作经营企业管理暂行规定》(简称《规定》)。根据《规定》，国际投资者可以与国内电视节目制作企业成立合资公司，共同设计和开发许可范围内的各类电视节目，这有利于丰富数字电视的节目内容，为数字电视用户提供更好的服务。

（2）成本偏高

由于产品价格不合理，而且缺乏统一的标准，导致数字电视产品的标准化建设和规范化管理受到了阻碍，这直接使数字电视产业发展所需要的资金和人力持续上涨。数字电视网络提供商在系统建设、升级和维护方面需要投入巨额资金，而部分有线电视观众转向数字电视的花费也超出了他们的预期，包括机顶盒的成本和每月的收视费用都是一笔不小的支出。

（3）市场行为与监管政策的冲突

市场与监管政策的冲突在数字电视普及和广泛应用中逐渐显现出来，这是由于广播电视行业有着事业和产业双重属性的特征。产业属性期望市场竞争得以自由，以经济收益为首要考虑因素；在事业领域，需要数字电视注重数据传输和内容安全，同时强调公益和社会效益，这可能导致市场行为与监管政策之间的矛盾。

（4）还未形成成熟的产业价值链

数字电视涉及广泛的产业链和多个利益相关部门，是一个庞大的系统工程。此外，数字电视技术还可以将各种不同类型的运作平台整合在一起，减少了平台之间的差异，从而有效地扩大了内容的传播范围，使得内容发布更加自由和便捷。然而，解决出版、销售、推广和定价等问题需要一个能够囊括电视、电影、互联网、书籍等多种形式的综合平台。

（五）各种数字电视形态及其在我国的发展现状

中国的数字电视市场已经在理论上为人们展现了美好前景，同时经过几年的探索，我们对数字化的认识更加深化，逐步由技术层面、业务层面、行业层面上升到社会和国家层面，现在有关部门已经更新了思想观念，调整了工作思路，探索出了以丰富的节目和本地化、信息化服务带动数字化发展的新模式，我国已经初步走上了一条有中国特色的电视数字化之路。

为了有效促进我国数字电视行业的进展，广电主管机构遵循既定的发展战略，着力确保全国数字电视领域的发展有序展开。2005 年，数字技术已经被广泛应用于卫星传输领域，并且有线电视网和省级以上的电视台也开始普遍采用数字技术，全国将有四分之一左右的电视台发射和传输数字电视信号；2010年，广播影视节目制作、播出以及卫星、有线传输实现数字化，地面电视基本实现数字化，数字电视接收机基本普及，东部相对发达地区将普及数字电视并逐步推广至中西部。在电视数字化的进程中，电视台的数字化改造是最重要的一环。电视台数字化包括三点：节目制作网络化、播出硬盘自动化、节目资源管理数字化，它们相互连接，合力实现电视台的数字化和网络化。目前，中央电视台和部分省市级电视台已经基本完成数字化改造。

1. 有线数字电视

早在20世纪50年代，美国一些地区的居民由于地形崎岖、环境恶劣，在接收电视信号方面遭遇了很多困难。为方便这些居民观看电视节目，电视信号被山顶上的接收天线收集起来后，通过电缆或光缆传送到居民区域，形成了“共用天线系统，实现了基本的有线电视传输和分配。在当时电视信号的边缘区域，为了获得更好的接收效果，人们会选择位置优越、信号干扰少的地方，并且使用质量较好的电视接收天线，将收到的信号进行扩大和处理，接着通过电缆把信号分送给多个用户，让多个电视用户共享同一套天线接收系统。随着技术的发展，共用天线系统逐渐超越了单纯接收的范围，开始被用于自制节目或现场直播，形成了一套独立完整的有线电视广播体系。70年代后期，随着技术的提升，天上的卫星电视广播和地面有线系统结合，使有线电视得到迅速发展。“无线上星，有线入户”逐渐成为电视传播的主要形式。

随着数字和网络技术的不断进步，有线电视已经成为一种适用于大众的多功能传媒形式，具有宽带和高速的特性。1997年4月，当时的广电部提出了针对有线电视网业务的分类，分为基础服务、扩展服务和增值服务。广播电视节目的主要内容之一便是基本服务，它的设计目的是向公众提供宣传服务和公益性服务。扩展服务是带有广播电视特色、从广播电视服务扩展出来的社会服务，如图文电视、数据广播、多媒体广播、视音频点播等。增值服务是充分利用广播电视网的大容量、宽频带、双向和智能化实现多媒体交互式服务，如因特网接入、数据通信等。

鉴于中国的国情与西方国家不同，因此我们采用了独特的数字电视发展策略——从有线数字电视试验工程开始，通过全面推广来实现数字电视的普及。有线数字电视在城市中得到了很好的推广，因为城市有着更多的有线用户，并且其居民的生活水平较高，这为有线数字电视拓展更好城市用户提供了有利条件。发布和实施有线数字电视标准为有线数字电视试验提供了可靠的技术标准基础，使有线数字电视变得更实用。有线数字电视试验得益于全国广电干线网的建设，这项建设为有线数字电视实验提供了必要的设施基础。

中国的有线数字电视行业的发展起步较晚，主要集中在20世纪90年代末和21世纪初。广东省作为全国有线数字电视发展的先行者之一，在1999年就开始进行了有线网络数字电视的相关试验。1999年，原广东有线广播电视台就建立起了早期的数字电视试验系统，进行了包括视频点播在内的一系列有线数字电视技术试验。2000年底，广东有线广播电视网络股份有限公司成立伊始，就将有线数字电视与宽带数据服务一并确定为公司的主要新拓展服务，投入巨资，成立了专门部门负责数字电视服务的开发。在国家广播电视总局出台了有关推进数字电视发展的政策、发布了有线数字电视行业标准后，广东的有线数字电视推广工作有了更大的发展。2001年10月，广东省作为首批被国家广播电视总局邀请参加有线数字电视试验的省市之一，正式加入由总局统一组织的有线数字电视试验工作中，并在全国九运会期间，应总局和中央电视台的要求，在广州进行了交互式数字电视试验。在13个省市的实验进行半年后，有线数字电视实验开始在全国推广。

2003年是我国广电系统的网络发展年和广播发展年，数字电视作为我国广播电视信息化、网络化、数字化、产业化的核心业务，在经历了此前略显自由无序的发展之后，国家广电总局开始对其发展进行全面的规划与布局，逐步确定了四大平台和整体转换的战略，出台了一系列管理规章和技术规范，批准开办了38套付费电视频道和8套数字广播节目，建立了49个有线数字电视示范网，有线数字电视开始快速进入从模拟向数字整体转换阶段。

2004年国家广播电视总局新批准四家付费节目集成运营机构，我国的付费数字电视产业形成了多家竞争的格局；后来，我国广播电视制作业开始向外资开放，付费数字电视产业呈现出群芳竞秀的生命力。

2004年4月22日，我国首台一体化数字电视接收机诞生，但当时因标准问题，兼容多种传输方式的数字信号、具备完整功能的一体化数字电视接收机无法批量生产，即使是现在，一体化数字电视接收机价格之高，也使国内多数用户无法接受。因此，我国数字有线电视节目的主要接收方式仍是通过机顶盒将数字信号转换为模拟信号在模拟电视机上播出。

尽管我国有线数字电视推广工作启动较早，但涉及所有有线电视接入用户的终端设备改造，投入成本大，运营起来比较困难，这一点会对产业的发展速度产生一定的制约。此外，有线数字电视行业的盈利前景在一定程度上缺乏明确性。

一方面，数字电视的用户需要获得更好的节目内容，而目前数字电视的节目相对较少，这对于形成良性的产业链循环存在一定的挑战。另一方面，由于市场竞争和技术进步，现行的有线数字电视用户收费模式和盈利模式也面临着一定的压力。

青岛模式是我国改进数字电视有线传输运营模式的第一步，青岛模式是整体平移，即以小区为单位，赠送机顶盒，在推行数字节目的同时完全停止输送模拟信号，频道数量由 28 套增加到 50 套，还开办了电视信息平台与商务平台等，同时每月向用户加收有线电视费 10 元钱，每月共 22 元。政府借助频道资源提供政府的电子政务信息，包括航班服务、天气预报、便民服务等，以此来解决数字电视的内容空白问题；由运营商免费派发机顶盒解决用户数量问题青岛模式费用上主要依靠有关部门自筹、银行借款、百姓再出一点。青岛模式对解决数字电视发展过程中遇到的问题、助力数字电视产业发展有一定参考意义。

苏州从 1999 年开始推行有线网络数字化技术改造项目，数字电视试推出后，苏州有线数字电视系统便尝试增加家庭股票信息服务，可电话回传进行在线交易，并开播了多套准视频点播，同时大大扩展频道数量，丰富节目内容和服务。目前苏州有线数字电视系统用 13 个模拟频道传送 72 套有线数字电视节目，并开通了电子节目指南、股票证券分析行情和电视网站等功能。

各地的有线电视也竞相发展，杭州模式、佛山模式、太原模式等各有各的资金来源和预期获利方式。至 2007 年底，我国有线数字电视用户数超过 2500 万户，已经有六十多个城市完成了整体转换，而据易观智库最新发布的《2010 年第 1 季度中国 DTV 市场季度监测》数据显示，截至 2010 年第 1 季度，中国有线数字电视用户规模达到 6824 万户，有线数字化势不可挡。

与此同时，有线数字电视也从单向传输向双向交互方向发展，以杭州、深圳、青岛等地为代表的一批有线数字电视运营商开展了如视频点播、信息查询、在线游戏等多种多样的增值服务，付费频道数量越来越多，产业链中的各个环节开始了基于市场的自主联合，带来了新的经济增长趋势。所有这一切都表明，我国已具备有线数字电视发展的各方面条件，市场已经比较成熟。

有线电视数字化之后，网络运营商惊喜地发现，不但单月平均每个用户交费增加了，而且总的用户数量也大幅度增加。模拟电视时代，有线电视运营商无法像电信运营商那样对用户进行真正的“端到端”的管理，运营商无法及时检测私接线路的用户（即黑户），对缴费不及时或长期欠费的用户也无法有效地中断服务。然而数字电视时代发生了根本性变化，整个数字电视系统真正成为“端到端”可管理的系统。网络中有多少台电视机、每台电视使用了哪些服务，运营商都一清二楚，原先的黑户和欠费用户将更难以遁形，必然被纳入统一管理的网络。

2007年2月2日，国家广播电视总局发布《关于进一步加强和规范有线电视数字化工作的通知》，其中明确表示：“要始终坚持以人为本、用户至上、社会效益第一的原则”“实施有线电视数字化整体转换的地区，必须保留至少六套模拟频道，转播中央、省和当地电视台的主要节目，供没有机顶盒的用户接收”“制订价格标准，必须充分考虑到当地的经济社会发展总体水平，充分考虑社会各阶层的经济承受能力和心理承受能力，特别要照顾到低收入家庭。要对包括低保户在内的低收入家庭，给予相应的资费减免优惠政策，保证低收入人群能够享受到有线数字电视服务”从而保证了公共服务作为广电行业的基本原则，保证了民众的基本收视权。

2．卫星数字电视

从20世纪60年代开始，电视传播手段由过去的地面微波传送、局部覆盖，发展到利用同步卫星转播节目，进入洲际传播时代。

1962年，美国电星一号卫星发射成功，并进行了横跨大西洋的电视节目传送实验，它是世界上最早用来传播电视节目的通信卫星。电视信号被通信卫星转发到本地电视台、有线电视网或集体接收站，然后进入千家万户。

20世纪80年代中期，日本、欧洲先后建立了以模拟技术为基础的Ku频段卫星直播系统，即利用地球同步轨道卫星，实现广播电视信号直接向小团体及家庭单元传送的一种卫星传输模式，接收者只需使用小型卫星接收天线即可收到来自卫星的广播电视节目。

随着数字技术的开发和应用，卫星电视进入数字时代。卫星数字电视主要有两种传输方式：一是将数字电视信号传送到有线电视前端，再由有线电视台传送到用户家中，这种形式早已在世界各国普及应用；二是将数字电视信号直接传送到用户家中，即卫星数字电视直播。

20世纪90年代初以来，卫星数字电视直播业务先在美国取得技术突破，并迅速步入产业化和商业化轨道，发展迅猛。以生产商用通信卫星著称于世的休斯公司于1993年12月抢先开发并组建了采用数字压缩技术的商用电视直播卫星系统，通过多渠道集资方式成立DirecTV公司来经营该卫星系统。目前，已投入使用的卫星电视直播系统主要有日本的BS卫星系统、法国的TDF直播卫星系统、德国的TV–SAT系统和美国的USDBS系统，这些卫星电视直播系统覆盖了全球广大的地区。目前，我国周边国家，如日本、韩国、泰国等国家都已经发射电视直播卫星或开始运营卫星电视直播业务。

直播卫星电视是一项高投入的产业，又在市场经济环境下运营，因此它通常采取加密播出、用户付费收视的方式，这也是它与大多数免费地面无线电视的不同之处。卫星数字电视直播除了能提供几十套至一两百套高质量的资讯、娱乐以及各类专门化的电视节目供观众选择外，还能提供具有互动功能的多种增值服务。海量的内容、清晰的声像、便捷的收视和优良的性价比等优势使其逐步成为卫星通信广播和相关电视产业发展的主要方向，卫星数字电视在许多国家获得了广泛应用，给有线电视带来了一定挑战。

卫星数字电视直播的实质是直接到户、个体接收，通过大功率直播卫星实现卫星电视由传统的集体接收到个人利用直径不足一米的小口径天线直接接收，打破了地城限制和国家界限，从而对数字电视信号全球传播、区域传播和一国的数字电视信号传播格局均产生重大影响。西方发达国家依靠其经济实力雄厚、科学技术发达的优势，利用通信卫星大规模地向全球进行电视直播覆盖，这一趋势引起了广大发展中国家的担忧和反对。

卫星数字电视是我国境内最早出现的数字电视。早在 1995 年，中央电视台就率先采用数字压缩技术通过中星 5 号 C 频段转发器播出加密付费的综艺频道、体育频道、电影频道，拉开了我国卫星电视数字化的序幕。1999 年 10 月 1 日，我国内地 31 个省市区的广播电视节目全部实现上星播出，1997 年之后，上星的电视节目全部采用数字压缩方式进行传播。我国城镇居民看到的卫视节目，实际上是各地有线网接收了卫星数字信号又转发给用户的节目。

到 2000 年底，我国的卫星电视除中央电视台第 1、2、7 套和浙江、山东、云南、贵州、四川的电视节目仍使用模拟信号播出外，其他上星节目均已实现数字传输。2001—2003 年中央电视台第 1、2、7 套和浙江、山东、云南等地方电视节目也相继实现了数字传输。

2001 年直播卫星系统被列为国家高科技工程项目，鑫诺 2 号卫星被确定为我国首颗广播电视直播卫星。鑫诺 2 号于 2006 年 10 月 29 日 0 时 20 分在西昌卫星发射中心发射，但 11 月 28 日，鑫诺卫星公司发出消息公告：鑫诺 2 号在定点过程中出现技术故障，致使太阳帆板二次展开和通信天线展开未能完成，卫星无法提供通信广播传输服务，并表示 2007 年发射鑫诺 2 号的备份卫星——中星 9 号。

中星 9 号采用法国阿尔卡特宇航公司 SB4100 系列成熟商用卫星平台，该卫星发射时的重量达到 4500 千克，总功率约 1000 瓦，设计寿命 15 年。

中星 9 号原计划和中国航天科技集团制造的东方红四号平台电视直播卫星一起构建中国第一代电视卫星直播系统，但由于鑫诺 2 号出现技术故障，中星 9 号则取代鑫诺 2 号成为中国第一颗广播电视直播卫星。北京时间 2008 年 6 月 9 日 20 时 15 分，中星 9 号在西昌卫星发射中心被成功送入太空。

中星 9 号采取不加密方式传输节目，主要针对偏远的、看不到电视听不见广播的农村地区。利用中星 9 号直播卫星，全国 98% 以上的居民可以不经媒介传输，使用直径 0.45～0.6 米的圆形天线，就能免费直接收听、收看广播电视节目和享受卫星宽带互联网服务。但是，据不完全统计，在我国近 4 亿电视用户当中，通过卫星电视接收器来收看电视节目的用户占近 20%，其中绝大多数是通过非正常途径进行安装使用。为防止非正常途径收视，2010 年 1 月 4 日起，中星 9 号开始发送加密信号。

相比较于有线的蓬勃发展和地面无线的有序推进，我国的卫星数字电视目前最主要的应用仍然是在“村村通”工程上。“村村通”工程是国家为解决广大农村和边远山区群众在电力、互联网、电视、电话、公路、饮水等方面的问题而实施的工程。

在中国的现实国情下，利用小口径天线直接接收卫星电视信号在短时间内很难成为卫星电视发展的主体。影响我国卫星电视产业发展的主要因素是政策尚未“解套”。国务院在 1993 年 10 月 5 日发布的《卫星电视广播地面接收设施管理规定》（俗称第 129 号令）中明确规定：“对卫星地面接收设施的生产、进口、销售、安装和使用实行许可制度”“个人不得安装和使用卫星地面接收设施。”随后，1994 年 2 月 3 日，原广电部颁布了《卫星电视广播地面接收设施管理规定实施细则》，规定广播电影电视部为卫星地面接收设施的归口管理部门，并且强调“个人不得安装和使用卫星地面接收设施。但在收不到当地电视台、电视转播台、电视差转台、有线电视台（站）的电视节目的地区，个人可申请安装卫星地面接收设施接收境内电视节目”。第 129 号令被市场认为是限制个人使用卫星地面接收设施接收卫星节目的法令，同时也被认为是家用卫星接收机市场至今未能开放的根本原因。实际上，目前政策允许个人接收境内电视节目，在保障各地区、各收入层级的人们都享有电视收视权的同时，最大限度避免私接线路、非法收视的情况出现。

3. 地面数字电视

数字电视地面广播传输系统支持两种接收方式：地面固定接收、移动接收与手持设备（便携）接收。在地面固定和手持设备便携接收模式下，可以提供标准清晰度数字电视服务、高清晰度电视服务、多媒体广播和数据服务服务；在移动接收模式下，可以提供标准清晰度数字电视服务、多媒体广播和数据服务。地面数字电视移动接收方式通常被称作移动电视。

地面数字电视支持便携接收和移动接收，因此我国地面数字电视广播的推广主要来自市场。从诞生的一刻起，地面数字电视就具备了清晰的盈利模式，如在车载移动接收实际操作中，终端设备只需要接入公交车，仅涉及几百台或几千台终端，推广相对容易。另外，在公交车上只需要如新闻节目、电影片段等简单的节目源，就可以解决节目内容问题。

最关键的是，车载移动的最终买单者并不是乘客，而是运营商，同时运营商可以通过这一平台获得广告收入，因此是一个多赢的局面。自从上海开始启动移动电视运营以来，以广告经营为盈利模式的移动电视在全国遍地开花，各地广电机构纷纷开展移动电视业务，并且出现了全国性的以移动电视为平台的系统外运营公司，如江西巴士在线、厦门世通华纳、华视传媒等。另一个巨大的商业市场就是手持终端设备，未来三网融合趋势下，移动上网、手机电视等应用蕴藏着巨大的商机。

而固定接收方式牵扯面广、影响大，国家的政策规划是对采用固定接收方式的数字电视用户以无偿提供义务性的公益服务为主，以确保无力承担收视费用的电视用户有权利收看到数字电视节目。因此虽然湖南株洲、上海崇明、河南安阳等地进行了一些技术和运营试验，符合国家标准的芯片、终端等设备也已经生产出来，但总体来看这些仍处于技术推广阶段。这种状况从后来开始有所改变，2009 年 9 月 28 日，中国九家卫视（中央电视台一套、北京卫视、东方卫视、广东卫视、深圳卫视、浙江卫视、湖南卫视、黑龙江卫视、江苏卫视）同步推出全新高清版电视节目，预示着我国数字高清时代的序幕正在拉开。

2006 年 8 月，我国的地面数字电视传输标准正式出台。地面广播受众多因素的影响，如多径接收、接收方式、接收区域、频率规划等，接收信道随时间频率和地点而发生变化，因此数字地面电视是三种传输方式中最为复杂的，它的传输标准也是最复杂的。

4.IPTV

IPTV 又称网络电视，是互联网和传统电视相互融合的产物。它以互联网为主要传输网络，利用互联网的基础设施，通过互联网络协议来传送电视信号。在用户端，它以 IP 机顶盒 +TV 或计算机为主要显示设备，向用户提供直播电视、视频点播、上网浏览等多种交互式服务。IPTV 的内容主要来源于广播电视节目，运营商通过 IPTV 宽带业务应用平台整合这些内容，再利用互联网传送给用户。

我国对 IPTV 技术的研究和产业开发非常重视，中国通信标准化协会 IP 与多媒体工作委员会于 2005 年 8 月成立了 IPTV 特别工作组，第一阶段的立项有六个：IPTV 业务需求、IPTV 体系架构、IPTV 业务平台与内容平台接口、IPTV 业务平台与机顶盒（STB）接口、支持 IPTV 的数字用户线路接入复用器设备及 STB 设备技术规范等。2006 年 5 月新启动了 IPTV 对承载网的技术要求；内容、业务和网络安全；网络管理与业务管理；业务运营平台和终端测试规范等 12 个相关标准的研究工作。

根据相关法规，开办 IPTV 业务必须持有国家广播电视总局颁发的 IPTV 牌照（即开办 IP 电视业务的许可证），目前拥有 IPTV 牌照的公司有上海文广新闻传媒集团、央视国际网络有限公司、广东南方广播影视传媒集团中国国际广播电台等。获得牌照之后，各广播电视机构通过跟电信机构合作，开展 IPTV 业务，如上海文广新闻传媒集团和上海电信部门合作。此外，国家广播电视总局还颁发了多张地方性牌照，为 IPTV 在各地方运营提供政策支持。受经营牌照等因素限制，IPTV 业务出现了试点城市遍地开花，部分地区商用业务数量较少的问题。

2005 年 8 月 8 日，以互动视听为特色的中央电视台网络电视新闻频道和娱乐频道正式开播。新闻频道和娱乐频道的内容不再是对传统电视节目的简单复制，而是借助互联网的传播特点，依托央视国际网络，融入独立的采、编、播，并广泛吸纳人们参与，针对受众年轻化、时尚化、娱乐化、数字化的特点，为其提供广阔的资讯平台和互动平台。

2009 年 12 月 18 日，湖南广播影视集团宣布芒果 TV 启用独立域名，成为省级卫视当中率先进入网络电视的媒体。不仅如此，湖南卫视还将触角伸到了电子商务和影视制作等新媒体领域，分别与上海盛大网络发展有限公司和淘宝网合作，通过产业链的延伸来实现赢利模式的拓展。除了湖南广播影视集团之外，上海文广新闻传媒集团投资组建的上海东方宽频传播有限公司推出了上海网络电视台，浙江广播电视集团旗下新蓝网上线测试，云南“爱上网络”网络电视台正式挂牌，江苏网络电视台测试上线，阳光媒体集团入股 PPLive，共同打造中国第一女性网络电视平台。

5. 网上直播

广播电视媒体在互联网上建立全球广域网站点，将自身拥有的音频、视频信息资源优势与网络传播的优势结合起来，以新技术、新手段扩大传播领域和范围，是数字媒体发展的一个亮点。其中网上广播也被称为在线广播，是网络传播多媒体形态的重要体现，也是广播电视媒体网上发展的重要体现。

从广播电视媒体上网情况看，与我国各地区经济、文化及网络发展的整体状况一致，呈现出东多西少的特点，上网电台、电视台主要集中在东部发达地区和北京、上海及发达省份的中心城市。有的中心城市，广播电视媒体已经“全员上网”，而在青海、西藏、新疆、云南、贵州、甘肃、宁夏等省区广播电视上网数量较少。新疆人民广播电台在2000年5月上网，成为区内第一家上网的广播电视媒体。

1995—1998年期间是广播电视媒体在互联网传播领域发展的起步阶段或初级阶段，网站建立、维护所需要的资金、技术、人才是各媒体面临的难题。1999年以后，中国网上广播进入了较大规模投入使用阶段，其标志是中国国际广播电台网站和中央电视台网站的改版，改版后的网站趣味性更强、可看性更足。

首开大型活动网上视频直播先河的是上海电视台与中央电视台合作，于1998年12月31日22：00至1999年1月1日0：20举办的“五洲风”中英文双语元旦晚会。紧接着中央电视台网站于2月15日晚首次直播了春节联欢晚会，以后又对一系列重要活动如3·15晚会、广交会开幕等进行了直播。在澳门回归网上视频直播时，中央电视台网站开设了四台服务器，其中之一专门提供高质量大显示窗口，为全面配合回归报道，中央电视台网站还在“视频精选”栏目中放入《澳门万象》和《走近澳门》两部专题片，这是充分利用自身优势和网络媒体特性所制作的别具一格的专辑。当然，广播电视媒体网站进行大规模网上广播的投入相当可观，如中央电视台网站1999年直播春节晚会时，它的合作伙伴北京电信投资300万元购买设备，并向国外公司购买了60万元的软件；联通实华开公司则投资10万美元购买服务器及在国外设立镜像节点，以支持春节晚会的直播。

目前，网上直播的内容基本摆脱对传统电视节目的依赖，实现了独立的网上制播。广播电视媒体网站因此面临着激烈竞争，尽管音频、视频信息是它们的优势，但在网络时代已不是它们的专利。各类网站都可以开设音频、视频栏目，都可进行网上直播，如国内一些报纸网站就设有音频、视频栏目，很多有实力的商业网站也经常对一些重要活动进行网上直播，同时专门的网上广播站点不断涌现。

例如，1999 年 2 月正式开通的上海广播影视网在 9 月《财富》全球论坛国际会议举行期间，就进行了一次大规模网上直播。该网站共设置三台直播镜像服务器（分别设在北京电报局、上海广电大厦、上海最大的网络业务提供商上海热线），采用统一信号源，同时用三台编码工作站向三台服务器提供视频流。从 9 月 27 日至 29 日共进行了 17 个小时的直播，直播内容除了 27 日晚开幕式发言（约 10 分钟）是电视同步播出外，其他视频信号完全是网上独家报道。再如，北京人民广播电台经济台从 1999 年 6 月 12 日起，推出国庆特别节目《我和我的祖国》，该节目选取共和国发展历程中各行各业的代表人物，对其进行直播访谈形式进行，网站同时进行直播，这档节目不仅仅是音频上网，而且进行了视频传输，打破了广播电台单纯音频广播的界限。而随着网络的普及和宽带网络的发展，网上直播在生活中也愈发常见。

此外，广播电视媒体与网络媒体发挥各自优势，逐步结合互动。很多直播节目除了邀请观众在演播室面对面交流外，还同时在网站上设立留言板，主持人与现场观众的对话内容同步在网站电子公告板上贴出，网友不仅可以浏览，还可以随时向主持人提出问题，主持人则即时选择网友感兴趣的问题做出回答。网站同步传送出音频信号，网友可以在网上收听对话交流的现场实况，为主持人与观众进行完全的沟通提供了可能。

四、数字出版

数字技术的普遍应用，不仅改变了传统媒体的形式，而且也改变着传统媒体的内容，平面媒体也不例外。所谓平面媒体是指书籍、报纸、杂志等依赖于纸介质的印刷出版物。随着数字化技术的运用，印刷出版逐步走向数字化。新闻记者可以在计算机上进行采访、写作、编辑新闻报道并通过互联网发送到编辑部；编辑可以在计算机上完成编排工作，处理文字和图片，整理出完美的版面；这种版面可以以纸张介质的形态印刷出来，也可以以电子形态发行。可以说，当今时代许多东西都已经转化为数字形式了。

但究竟什么是数字出版，它和传统平面媒体出版业的区别是什么，或者说，在出版业中，数字化究竟发展到何种程度才能称得上是数字出版？目前业界对这一问题并没有一致意见。

有人认为，数字出版是一个较宽泛的概念，统指采用数字技术（而非传统的纸张和采用模拟技术的音像）出版和发行的行为。在中国的出版业务分类中，电子出版物和互联网出版都属于数字出版的范围。而有人则认为，所谓数字出版，就是在出版流程中采用数字化的工艺、技术和设备进行出版工作，在不同的时期，数字出版的内涵也不相同。根据出版印刷的工艺流程的不同，数字出版可分为印前数字化、印刷数字化和印后数字化，只要在出版印刷工艺流程中采用了数字化技术，都可以称为数字出版，只是采用数字化技术的程度有所不同罢了。也有人认为，数字出版是以互联网为流通渠道、以数字内容为流通介质、以网上支付为主要交易手段、基于网络的出版和发行方式。

（一）平面媒体的发展趋势

国际化时代推动了文化的国际化发展，西方文化和价值观念正在被中国年轻人所接受，中国传统文化中的许多东西也能够被西方人欣赏这些都离不开媒体传播的巨大作用。

平面媒体的发展并没有随着电视和互联网的兴起而放慢步伐。有人曾经预言，随着互联网的兴起，传统媒体将被互联网一举吞并。事实上这个预言并没有成为现实，也永远不会成为现实。电视有电视的优势，互联网有互联网的优势，平面媒体有平面媒体的优势，它们之间并不是互相替代的关系，而是互相借鉴、互相弥补的关系。互联网可以使传统媒体的内容和存在形式发生改变，但不会使传统媒体走向消亡。

事实也正是如此。在电视和互联网发展迅猛的近些年里，出版社的数量和图书种类也获得了大幅度增长，美国的图书出版社在 1970 年是 3000 家，到 2002 年，全美一共有 5.5 万家出版社。而我国的出版社则在近些年里稳定在 500 余家，每年出版图书几十万种。随着出版社的增加和选题的增加，出版社也出现了专业上的分化，有的专门出版法律类书籍，有的专门出版教科书和辅导读物，有的则专门出版文学类书籍等。

总之，报纸、杂志和书籍这些纸介质的平面媒体在新媒体时代依然充满了生机和活力。不过，它们也会充分利用数字化技术进行编辑处理、印刷出版和传播销售，尽管在整个产业链条中运用数字化的程度有所不同，但都已经在向数字化迅速迈进。

（二）数字技术与平面媒体的结合

就目前印刷出版的数字化运用程度和技术发展而言，数字技术在平面媒体中的应用主要包括以下几个环节：

1. 编辑处理的数字化

编辑处理是一个非常宽泛的范畴，它包含了印刷前的所有工作程序，主要包括稿件审查、编辑排版打样、校对等，在这些工作程序中，运用数字化的程度越高，工作效率就越高。从工作流程来看，编辑处理的数字化包括编辑数字化和制作数字化。

（1）编辑数字化

所谓编辑数字化，就是把编辑部中需要手工完成的工作用数字化方式来完成。现在，报纸、杂志、书籍等出版单位的稿件来源有多种，既有手写版，也有打印版，同时也有电子版，编辑就需要按照要求对这些稿件进行审查编辑，处理成统一格式的数字化文件。

（2）制作数字化

所谓制作数字化就是排版过程的数字化，运用桌面出版系统进行排版。

2. 印刷出版的数字化

平面媒体要实现传播，就必须经过印刷出版这一关键环节，而印刷出版的关键是制版技术。制版技术主要经历了手工制版、照相排版、计算机激光照排和计算机直接制版（CTP）几个阶段。前两种为模拟制版，以能忠实再现原稿图像为最佳标准，后两种为数字化制版，包括输出胶片的间接制版方式和在印版表面直接成像方式。

所谓计算机激光照排，就是先用计算机录入文字，用一定格式进行排版；将这一格式的文件用打印机打印，就能使它的内容出现在纸上；如果用激光照排机发排输出到胶片（通过照排软件将其传送到照排控制机，最后在激光照排机上输出），再经过冲洗，就能得到用于印刷的软片（相当于纸型）。将这种软片拿到印刷厂，先要进行晒版，即软片通过印刷专用晒版机晒到预涂感光版（简称PS版）上，PS版是一种涂有特殊物质的铝板，分全开、对开、四开等多种开度。再将做好的胶片放在晒板机上，通过紫光灯，把胶片上的内容曝光到下面的PS板上，然后过水清洗，有内容的地方就显示出来了。最后上印刷机滚印，然后经过拼版、印刷等工序，保存即可。

20世纪70年代末，随着计算机技术的进步，计算机激光照排系统和平版胶印逐渐取代了以往的铅排铅印，这是印刷出版业的一次革命，使印刷出版告别了铅与火的时代，进入了光与电的时代。美国等发达国家率先运用了这种新技术，

1987年5月22日，《经济日报》推出了第一张用计算机激光照排技术处理的整版输出的中文报纸，随后，《经济日报》在全国率先淘汰了铅字印刷，在此后的几年间，激光照排技术迅速普及到中国各级报社。1992年，北大方正彩色激光照排系统研制成功，与传统的电子分色系统相比，它具有彩色印刷效果更好、成本更低等优势。1992年1月21日，《澳门日报》刊登了邓小平视察南方谈话的照片，这就是利用北大方正的彩色激光照排技术制作的，而这一天的《澳门日报》也是世界上第一张不用电子分色印刷的彩色报纸。此后，北大方正彩色激光照排系统在中国各大报社和出版社得到了普及。

计算机激光照排技术将印刷车间的工人从检字、排版等严重的铅污染环境与繁重的体力劳动中解放出来，带来了生产效率的成倍增长；大大丰富了报纸的编排手段，最大限度避免设计出来的版面效果太过复杂无法实现的问题；提高了报纸的时效性和信息量，为20世纪90年代报纸的扩版潮和精美时尚杂志提供了技术上的保障。可以说，激光照排技术是印刷出版走向数字化的第一步，是数字出版的先行者。

在这之后，印刷工艺又经历了新的变革，这就是计算机直接制版。在计算机激光照排系统中，需要经过照排、冲印胶片等多道工序才形成PS版。而使用计算机直接制版，用户可以把计算机排版所生成的数字页面直接输出到CTP版材上，这就实现了高速度、高质量、低成本、低污染，可以使印刷工艺的全过程走向数字化。

限于当时的技术条件，CTP一开始只能处理黑白格式的文件，与同期的计算机激光照排技术相比，适用的范围较窄，技术上不够成熟。随着计算机、激光成像系统的发展，到20世纪90年代，彩色CTP技术走向成熟，CTP的运用范围逐渐扩大。现有的国际印前生产厂家已基本停止新型照排机的研制，转入CTP系统的开发，直接制版的主体技术现已有公认的商业成熟表现。

计算机直接制版仍然需要版材，而数字印刷机则能够接受以数字形式存储的版面信息并直接实现印刷，只需一台印刷机就可以完成由数据到印刷品的制作过程，既节省了设备、时间、材料，又降低了生产成本。从这个角度来看，现在所用的打印机、复印机都属于数字印刷机。打印机是将电子文件的信息直接打印到纸张上，得到第一代原稿。复印机是采用喷墨或色粉技术将原稿上的信息转移到纸张上，得到图文信息相同的大量印张。实际上，真正的数字印刷涵盖了多种不同的印刷技术，如静电复制、喷墨技术等，此处不再赘述。

3. 传播的数字化

无论是编辑处理的印前数字化，还是印刷出版的印刷数字化，数字化技术的运用只是简化了其中的某些工艺流程，但最终的印刷成品仍然需要纸张介质。也就是说，这些数字技术的运用并没有使印刷出版走向传播的数字化。出版者运用数字化技术生产出了报纸、杂志和书籍之后，消费者再去购买，纸张成为不可或缺的传播媒介。而纸张的消费容易造成森林的减少、污染的增加、成本的提高。传播的数字化则彻底摆脱了纸张介质，文化和信息的传播所依靠的不是纸张，而是数据，它包括以光盘、视频压缩碟片、数字多功能光盘为介质的出版物、网络出版物、电子书等。

（三）数字出版的新形态

就数字出版各个层次而言，目前编辑处理的数字化已经基本普及，计算机激光照排系统和北大方正彩色激光照排系统得到了广泛应用；电子出版、网络出版、网络书店等数字化出版方式正呈现出方兴未艾的趋势。

1. 电子出版

随着计算机技术和互联网的兴起，电子出版成为一种重要的出版形式。《中国电子出版物管理规定》（中华人民共和国新闻出版署令第 11 号发布，自 1998 年 1 月 1 日起施行）中将电子出版物的定义为“以数字代码方式将图文声像等信息编辑加工后存储在磁、光、电等介质上，通过计算机或者具有类似功能的设备读取使用，用以表达思想、普及知识和积累文化，并可复制发行的大众传播媒体。媒体形态包括软磁盘（FD）、只读光盘（CD−ROM）、交互式光盘（CD−D）、照片光盘（Photo−CD）、高密度只读光盘（DVD−ROM）、集成电路卡（IC−Card）和新闻出版署认定的其他媒体形态”。我国电子出版业经过近几年的快速发展，已成为一个初具规模的新兴产业，前景非常光明。据统计，国内目前已累计制作出版了大约 5000 种以上以光盘为介质的电子出版物，内容覆盖了各领域，为传播科学文化知识、繁荣多媒体市场起到了积极作用。

一张标准规格 CD−ROM 的容量基本在 660MB 上下，可存储大量内容。而 DVD 光盘为大容量数据存储和数据交换提供了新的技术手段，它的最小容量是 CD−ROM 的数倍。由此可见，光盘出版物具有信息海量存储、便于检索、多元化的多媒体信息形态等特点，如由清华大学光盘国家工程研究中心学术电子出版物编辑部主办的《中国学术期刊（光盘版）》，它遴选并全文收录我国千余种自然科学、工程技术、人文、社会科学中英文核心与专业特色期刊分为理工 A、理工

B、理工 C、文史哲、农业、医药卫生、政治经济法律、教育与社科综合电子技术与信息科学九个专辑数据库，为学术信息的存储、检索和利用提供了前所未有的便利，是科研人员不可缺少的研究资料。

电子出版不是传统纸张介质印刷物功能的简单延伸和扩大，而是在信息存储方式和传播方式上的更新和飞跃。印刷出版物的图文是平面的、静态的，电子出版物的信息则是多元的、动态的，给读者以新的视觉和听觉冲击，提高了读者的参与度，改变了读者的阅读方式和阅读习惯，甚至改变了读者感觉世界的方式。现在，越来越多的出版社、杂志社和报社开始涉足电子出版，以适应读者的需求和市场的变化。

2. 电子书——电子出版与网络出版的结合

随着计算机和互联网的发展，网络出版已经成为出版业引人关注的现象。1999 年，国际版权在线在美国诞生，这是一个集前沿的外联网技术和新世纪出版理念为一体的网上版权和贸易平台，它利用先进的互联网和外联网技术，为人们参与版权交流和贸易提供一种高效率低成本的全新环境和方式。电子书是网络出版的重要形态之一。

所谓电子书，是指出版商或作者将数字化的图书“张贴”在因特网服务器上供读者付费在线浏览，也可以供读者下载，读者可以在网上交易成功后将其打印出来，或借助于读者购买的阅读器进行阅读。同传统图书相比，电子图书具有非常大的优势。它一改传统出版业复杂的流程，使其编辑更为轻松随意。电子图书声、像、字并茂，便于复制、检索、备份、统计等，同时具有读者阅读不受地域、时间、绝版限制；存储不易磨损等优点。目前美国较有影响的电子书是软件书和火箭书，同类产品还有玻璃书和人人书等。

早在 2000 年 3 月，电子书已有惊鸿一瞥的表现，美国小说家史蒂芬 · 金（Stephen King）以一本名为《骑弹飞行》的电子书第一次尝到了网络出版的甜头。他与西蒙 & 舒斯特出版社合作，将这本书单独进行网络出版，读者只要支付 2.5 美元，便可通过西蒙 & 舒斯特的网站下载该书。通过这种方式，史蒂芬 · 金在短短的一个月内就获得了 40 万美元的收入，如果通过传统的出版方式，他只能获得 1 万美元收入，史蒂芬 · 金因此成为第一位将自己的作品以电子书方式销售的国际著名作家。此后，他对电子书的热情更加高涨，不久又推出连载小说《植物》，他摆脱了出版社的限制，在自己的网站上提供电子书的下载，价格是 1 美元，到 2000 年底，《植物》一书净赚 46 万美元。也许正是看到了网络出版的巨大优势，业内人士乐观地估计，到2020年，网络出版的产值将占整个出版业的50%。

电子书阅读设备可以是计算机、手机、MP3、MP4、电子书阅读器等。微软开发了Clear Type技术，字体显示不再受限于屏幕的解析度，使用该技术后，电子书的字体显示鲜明、平顺、清晰，这种技术使电子书更易于在屏幕上阅读，是电子书发展史上的里程碑。国内在电子书方面起步稍晚，但也有多家研发机构和生产厂商投入这一领域。2001年4月，台湾学者朱邦复推出了首部中文电子书阅读器文昌一号，2002年，北大方正集团有限公司和天津南开津科有限公司共同开发的翰林电子书上市，该电子书阅读器大小为32开本，重400克，最大可支持2G容量的存储卡，相当于将一个移动图书馆带在身边。2009年，采用电子墨水技术、依托高科技的手写辨识技术，汉王电纸书强势进入市场。这款电纸书的特别之处是电子墨水屏无辐射、无闪烁，强光下可阅读，而且待机时间长、便于携带、操作简单。

目前开发的电子书阅读器除了进行文字阅读外，还可以实现加注、查阅、游戏等多种功能，有的还提供收发邮件、拨号上网、商务助理、收听音乐等人性化服务。

当然，电子书能提供的书籍数目略少，专用的阅读器成本也比较高，从而限制了电子书的发展。但是，随着互联网技术的进步和普及，电子书的发展前景将会越来越广阔，因为它一定程度上代表了媒体融合的方向。美国微软公司负责技术开发的副总裁迪科·布拉斯（Dick Brass）认为，纸张出版是过去时，未来将是电子出版的天下。

3. 按需出版

按需出版是指以数字技术为基础的按需印刷，简称POD。POD也是网络出版的一种具体方式，经营者将通过互联网向读者提供可进行POD处理的、已电子化的图书书目，读者经过浏览、搜索，找到自己所需的图书后，向网络公司订购该图书的POD版。网络公司再根据顾客的需要，将已经电子化的书稿即时印刷、装订成册，交付到顾客手中。与传统出版相比，POD方便快捷、个性化的印刷模式，给出版业带来了一种全新的出版运作模式。据香港某电子书网站介绍，POD版图书的成本是传统印刷的2～2.5倍；但由于POD不需要像传统印刷那样打样、晒版、冲版等繁杂工艺，所以印刷一份和任意多份的单个成本都是一样的，而传统印刷的单本成本是与印刷份数紧密相关的。POD的这种特点很适合小批量或单本图书的印刷，而且可以相信，随着技术的发展，POD版的单本图书成本还会下降，直至接近甚至低于传统印刷所需成本。

按需出版采用先进的数据处理技术、数字印刷和网络系统，将出版信息全部存储在计算机系统中，需要时直接印刷成书，省去制版等中间环节，真正做到一册起印，即需即印。这种出版方式在过去简直无法想象，因为传统的印刷设备成本较高，只印一本，成本也需要几千甚至上万元，相反，印得越多，每一本书的分摊成本就越低。另外，按需出版用电子化库存代替了图书的实物库存，避免了大量材料的空间占用以及生产过程中的能源消耗。现在，按需出版的图书越来越多。著名经济学家于光远的《我的四种消费品理论》，按需出版第一版后，经过作者修改，又出版了第二版100册。中国社会科学院研究员成幼殊主编的《阿拉伯数码之灾》、旅美华人作家左舒拉的三部小说《王侯将相宁有种乎》《无常》《竖起你的尾巴》也都是按需出版的。按需出版特别适合断版图书和具有较强个性化图书的出版发行，我国每年出版10万余种图书，其中约有55%逐渐退出流通领域，成了断版、绝版书，而这些图书中有不少具有研究、参考、收藏价值。利用数字化技术按需出版，就可以使这些书的价值得到延续。

4. 网上书店

网上书店实现了发行的数字化，出版社传统的发行渠道主要是书店、邮购、书市订货会等，发行的中间成本很大。出版社一般按图书定价的4～5折卖给书店，书店则以8折或全价卖给读者。随着互联网和电子商务技术的成熟，网上书店作为一种新的发行渠道逐渐受到业界重视，因为它降低了销售的中间渠道成本，加快了图书信息的传播，加强了与读者的直接交流。美国的网上书店中影响较大的有亚马逊、巴诺网等。亚马逊总部设在美国华盛顿州的西雅图市，为美国纳斯达克证交所上市公司。起初，亚马逊被用于网上图书销售，现在，在亚马逊上可以进行各种物品网上交易，如可以从亚马逊上购买电子贺卡、网上拍卖、图书、CD、视盘、DVD、玩具、游戏和电子产品等。亚马逊迄今为止未做过一份广告，但其股价却一路飙升，它把赚来的钱不断地投入新建书库等扩大再生产中，目标是占有未来的网上大市场。

在国内，自杭州新华书店创办第一家网上书店后，涌现出一系列网上书店，其中较为有名的有1999年初开通的上海书城网上书店和北京图书大厦网上书店。国内网上书店的支付方式主要有信用卡网上支付、人民币储蓄账户网上支付、电汇、邮汇、货到付款等，图书配送方式主要有邮寄、快递物流、送书上门、异地网点配送等，配送时间没有统一的要求。另外一个值得关注的例子是《广州日报》大洋网的网上书城，《广州日报》本来与图书销售没有太大的关系，但是它具有发达的报纸销售网络，这使它在经营图书销售上具有非常大的优势，它通过自身已经建立起的报刊分布网和大洋网的网上书城平台，在广东地区乃至全国创造了网上图书销售的神话。

此外，手机报、手机小说也都是数字出版的新形态之一，媒体的融合使它们既是手机媒体的表现形态，也是数字出版的一部分，前文已经论述，此处不再重复。

“不再是个纯粹的纸媒体，而是一个平台”。从出版业的发展现状来看，尽管传统出版业仍然占据着主导地位，但是随着数字技术的不断发展和进步，数字出版的前景会非常广阔。

五、数字电影

电影的历史已有百余年，它的每一次进步都源于科技的推动，数字技术进入电影产业，是电影继无声变有声、黑白变彩色之后的第三次革命，数字技术将使电影从制作到表现手法、运作方式、发行方式、播映方式都发生根本变化。

数字电影与传统电影最大的区别之一在于传播方式，数字电影的出现使得电影制作和发行变得更加便利和灵活。制片人可以将电影以数字文件形式制作和存储，避免了胶片的负担和制作成本。同时，数字化的发行方式使得电影能够以更快的速度被传送到各个影院和观众见面，提升了电影的传播效率和可及性。数字化播映是通过宽带大容量存储的服务器和高亮度、高清晰度、高对比度的电子放映机实现的。数字化播放系统可以将电影以数字格式存储在服务器中，并通过高速数据传输网络传送给电影院的电子放映机进行播放。与传统的胶片放映相比，数字化播映具有许多优势，包括更高的画质、更容易的存储和传输等。

（一）数字技术在电影创作中的应用

数字技术最初进入电影领域时，只是对传统电影的一个补充，主要应用于电影画面特技合成或三维形象的创造，但很快电影业就由单纯运用数字特技转为将其与传统摄制、传统特技融为一体。目前，数字技术在电影制作过程中的功能主要有两个：一是影像合成技术。用计算机处理摄影机实拍的图像，并产生影片所需要的新的视觉效果，如《阿甘正传》中主角阿甘（Forrest Gump）与已故的肯尼迪（Kennedy）总统握手的镜头，数字技术所创造的影像已超越了虚幻，能够带人进入近似真实的感觉之中，这种功能今天已经被应用得很广，甚至可以做到天衣无缝。二是直接用计算机生成影片影像，主要是指制作 2D、3D 动画电影，如《玩具总动员》中的玩具演员们。

数字技术在电影制作中的应用可以追溯到 20 世纪中后期，起初，数字技术在电影中的应用还相当有限，大多只是帮助导演把图像进行“无缝拼接”，消除原来“电影魔术”中明显的人为痕迹和不真实感。乔治 · 卢卡斯（George Lucas）就是这方面的最早使用者之一，他利用数字技术创造出了不少经典作品。

1999 年乔治 · 卢卡斯在拍摄《星球大战前传 I》时，大胆地运用计算机动画（CG）技术创造虚拟人物，同时演员活动的背最大多采用 CG 制作。观众丝毫分辨不出何处为真实场面，何处为 CG 场面，数字技术帮助电影构建了一个相当逼真的梦幻世界。

20 世纪 90 年代以来，电影在数字技术上取得了全面突破，越来越多的影片使用了数字技术。有数据显示，从 1996 年起，美国 50% 以上的影片用数字技术来制作画面，90% 的影片声音经过数字技术处理。《侏罗纪公园》《阿甘正传》《魔鬼终结者 I》《角斗士》《珍珠港》……都是数字技术应用于电影的成功代表。在这些影片中，使用数字技术并不是仅仅为完成特效功能，更多的是出于叙事需要、出于拍摄成本和拍摄可能性的考虑，用于生成难以拍摄或不便拍摄的镜头，也可以对镜头细节进行加工和修改，而这一切都以真实感为制作依据和目标。1997 年詹姆斯 · 卡梅隆（James Cameron）导演的《泰坦尼克号》中共有五百多个数字特技镜头，梦之船、数字海、上万名数字合成的人物……传统的实物模型和机械装置以及数字技术的结合，使得电影制作能够超越现实的限制，创造出令人难以置信的视觉效果。在电影《泰坦尼克号》中，泰坦尼克号的巨大外观、逼真的船舱内部以及海上的迷人景色都是通过传统的模型制作、机械装置和数字技术共同打造而成的。观众常常以为这是实际的拍摄现场，无法注意到其中大量的数字特效工作。这些数字特效使得观众沉浸于电影的故事情节中，增强了观影体验。而在电影《角斗士》中，古罗马角斗场的巨大、人群的繁华以及与角斗士搏斗的猛虎等细节都经过了计算机的处理，制作团队利用数字特效技术增强了电影的视觉效果和真实感。这些数字特效使得电影中的场景更加生动丰富，创造了一个令人叹为观止的古罗马世界。

这时数字技术在电影行业中逐渐由从属者变成主宰者，以不可遏制之势挑战着电影制作的传统思维和影像观念。数字制作的影像开始承担推动情节发展的任务，虚拟的东西变得越来越真实，不可能的事情变得越来越可能，梦幻与现实之间的界限也变得越来越不明显。

1995 年 11 月 22 日，世界上第一部全用计算机制作的动画长片《玩具总动员》在美国上映。在《玩具总动员》之前的动画片制作，虽然也有借助计算机的三维空间表现，但基本上仍是沿用已有几十年历史的传统方法，由美术师在胶片上一页一页绘制。但是皮克斯动画工作室制作的《玩具总动员》，无论是人物还是背景，全部利用计算机绘制完成，成为电影史上具有划时代意义的第一部真正的三维动画。《玩具总动员》是华特迪士尼公司与皮克斯动画工作室合作的第一部三维动画电影，皮克斯动画工作室的高超的数字技术在《玩具总动员》中得到了充分发挥。该片的票房刷新了动画电影的纪录，还为导演约翰·拉塞特（John Lasseter）赢得了奥斯卡特别成就奖。

此后，这种三维动画电影越来越多，如《虫虫危机》《蚁哥正传》《玩具总动员 2》《怪物史莱克》以及华特迪士尼公司的《怪兽电力公司》等。

2001 年美国哥伦比亚三星电影公司耗资 2.4 亿美元、历时四年完成的《最终幻想》是首次完全运用数字技术来全方位模拟真人和真实场景的数字影片，影片中没有一个真人，但是虚拟演员（图 4-1-1）在线条、毛发、皮肤、纹理、表情等方面与真人别无两样。这些栩栩如生的虚拟演员几乎让观众彻底忘却了他们并非真人。

图 4-1-1 《最终幻想》的虚拟演员

数字技术对电影行业的影响还在继续，乔治·卢卡斯在 2002 年拍摄《星球大战前传Ⅱ：克隆人的进攻》时，首次全面使用索尼公司的高清晰度数字摄像机替代传统的电影摄影机，整部电影没有使用胶片，全部影像都用“0”和“1”来记录和表现，成为第一个真人表演的无胶片电影。另外，一些著名的电影导演如伊朗导演阿巴斯·基阿鲁斯达米（Abbas Kiarostami），法国导演埃里克·侯麦（Eric Rohmer）、阿涅斯·瓦尔达（Agnès Varda），德国导演维姆·文德斯（Wim Wenders）和美国导演斯派克·李（Spike Lee）等，都曾公开表明对数字摄像机的喜爱，并积极探索DV电影的可能。

数字摄像机与电影摄影机的最大区别在于存储介质不同，数字摄像机使用磁介质，而电影摄影机使用胶片。胶片的优势是色彩饱和、图像清晰，但拍摄效果在冲印之后才能看到，而且价格昂贵，只能一次性使用。而电影摄像机拍摄与放映可以同步，可擦写，能反复拍摄，缺点是图像清晰度和色彩层次都比胶片逊色。

近年来，高清晰度数字摄像机的发展使得其成像质量与传统胶片摄影越来越接近，而且数字摄像机具有轻便小巧和价格低廉的优势。然而，在某些方面，数字摄像机仍然不能完全取代传统胶片摄影。一方面，胶片具有独特的影像特质，包括宽容度和真实感，这是数字影像尚未完全达到的。胶片能够更好地处理高对比度场景，呈现丰富的色彩层次，尤其在拍摄自然风景时，胶片相对于数字影像可以呈现更加优美、真实的色彩和光影效果。另一方面，数字摄像机只有通过后期处理和调色技术提高色彩宽容度和真实感，才尽可能去弥补与胶片的差距，而这需要花费更多时间。

高清晰度数字摄像机的主要优势是可以数字化存储素材。这使得在澳大利亚拍摄的影片可以通过光纤传输回美国，并以数字方式加入特技，以实现无缝衔接。过去，需要先将胶片冲洗成照片，再将其转换为数字格式，然后再增添数字特效，并将其转化为胶片样式的拷贝。在多次转换的过程中，影像质量不可避免地会有所降低。使用数字摄像机不仅能够节约成本，还能缩短拍摄时间，从而加快后期制作进度。

完全意义上的数字电影系统应该是由高清晰度数字摄像机拍摄；数字后期制作系统完成剪辑和特技；最后由数字电影放映系统通过卫星、网络等方式接收并播放。在2001年6月，二十世纪福克斯、美国奎斯特通讯公司和思科公司联合推出了数字传播技术，使得电影从制作到播放全部实现了数字化。这次传送始于二十世纪福克斯在洛杉矶的制作室，通过奎斯特公司的网络把一部将真人与计算机生成影像有机合成的动作片《冰冻星球》传送至亚特兰大的伍德拉夫艺术中心，随后存储在服务器上，之后使用德州仪器公司所开发的数字光处理技术放映机，在银幕上播放该电影。

2009年，在《泰坦尼克号》之后蛰伏了13年时间的詹姆斯·卡梅隆推出《阿凡达》，瑰丽奇伟的潘多拉景色、天人合一的外星文化，在3D的立体感渲染下美得难以言表，带给观众震撼的视觉冲击，堪称3D电影里程碑式的影片。数字电影是个新生事物，它还在不断地发展进步之中。

（二）数字电影的优势

数字电影作为数字化时代的产物具有传统胶片电影无法比拟的优势。

数字化的电影创作为导演提供了实现想象力的广阔空间，能够创作出只在想象中存在的形象或者创造出一种梦幻般的视听效果：像影片《紧急迫降》预演飞机失控可能产生的各种结果；在《阿甘正传》中，阿甘与已故总统肯尼迪握手；在《怪兽哥斯拉》中的巨大怪兽在城市造成的破坏。在动画片的创作中，通过数字技术就能完成整部影片，如《宝莲灯》和《玩具总动员》等。

35毫米胶片电影使用底片素材制成，通过光学复印制作出中间正片，也称为翻正片。正片的密度较高，但其能够还原的灰度层次相对较窄，相比之下，翻转正片的密度较低，但它能够展现的灰度层次范围更广。电影院所使用的电影拷贝分辨率较高，但无法完全再现实体电影底片的黑白深浅跨度。随着流程越来越复杂，胶片的品质逐步降低。数字电影通过采用比特替代胶片的方式，在网络或卫星等传输途径中直接传输数字信号，使用全保真的数字放映机来代替传统的放映机，最终呈现在影院或家庭等终端用户面前。数字电影，不仅没有胶片老化、褪色等问题，可以让影片保持永恒的光亮状态，同时还可以保证画面清晰稳定，减少画面划痕和磨损的现象，让观众享受更高质量的电影体验。数字传输技术使得整个电影可以以数字形式传输，这将不会对其质量产生影响。这意味着一旦数字电影信号发出，任何数字影院可以随时随地播放同一高质量的数字节目，让不同地区的观众同时享受到电影的视听盛宴。

不管是哪种方式制作的数字电影，数字磁带、大容量硬盘、DVD光盘等数字化的存储介质基本替代了不易保存和成本较高的电影胶片。数字影院省掉了拷贝洗印环节，可以避免确定胶片拷贝制作量的决策风险，大大节省发行费用，同时也有利于环境保护。比如，在美国，一部大片上映一场就需几千份拷贝，而放映过后，只能将拷贝销毁；此外，胶片电影在拍摄过程中，无法直接观看拍摄效果，万一有问题还得花费胶卷进行重拍。而用数字方法进行拍摄，现场就可以看到拍摄效果，并可进行同期数字剪辑，这种问题就迎刃而解。

数字电影能够最大程度地防止盗版。因为在数字电影数据传输的过程中，数据通常会使用加密算法进行加密。这种加密可以确保数据即使在传输过程中被截获，也无法被解读和使用。在放映过程中，播放服务器会将加密的视频信号通过视频电缆传送给放映机。放映机上会安装授权钥匙盘，这个设备用于解密视频信号。只有具有正确授权钥匙的放映机才能解密和播放电影。通过这样的加密和解密机制，能够保证数字电影的发行过程具有相对较高的保密性，确保只有经过授权的放映机才能正常播放电影，减少了电影被非法复制和盗版的可能性，这对于电影产业来说是非常重要的，可以保护电影发行商和制作方的权益。

数字放映设备可以为影院提供增值服务，如实时播放重大体育比赛、文艺演出、远程教育等，这改变了影院胶片放映的单一模式，逐渐向实时、多功能、多渠道、多方位的经营模式转变。更重要的是，数字影片的输出终端可以是高质量视听享受的数字影院，也可以是家庭的电视和计算机终端，观众足不出户，就可以得到与豪华影院相同的视听享受。

（三）中国数字电影的发展

自 1996 年全国电影工作会议在长沙召开以来，中国数字电影崭露头角。会议确定了数字电影制作作为我国未来电影技术发展的突破口，这意味着中国数字电影正式迈入发展阶段。国家将在未来大力投资数字电影发展，引进世界领先的数字电影制作技术装备。1999 年，中华人民共和国国家计划委员会批准了国家广播电视总局的“电影数字制作产品示范工程”。

1999 年，上海电影制片厂投资建造了上影集团电脑特技制作中心，该中心引进了大量先进特技制作设备和国内最好的特技制作人才，拥有一定的制作实力。同年，其下辖的上海美术电影制片厂推出中国第一部全数字的卡通电影《宝莲灯》。

国内也有不少导演深耕数字电影领域，张建亚就是其中的代表。在成功完成了中国第一部采用数字特技技术制作的电影《紧急迫降》后，张建亚于 2002 年又推出了一部运用高科技制作的灾难惊险片《极地营救》，其中的数字特技由上影集团电脑特技制作中心制作，整部电影包含 60% 的数字特技及合成镜头，力求在视觉效果上有所突破。

2001 年，由我国北京紫禁城三联影视发行有限公司投资的首部虚拟真人 CG 电影《青娜》诞生。尽管虚拟角色青娜还不够细腻完美，但这部花费 200 万元人民币的短片所蕴含的技术成分完全可以与先进的数字影像制作水准看齐。其制作汇集了北京、上海、广州三地影视、广告、IT、数字技术等领域的高级人才上百人，且全部使用国内的技术力量及国内现有设备，虽然没有太大的商业价值，但是该片为中国电影的 CG 技术发展进行了一次全方位的示范性探索。

数字摄像机这种新形式同样引起许多国内知名导演的关注，1999 年，贾樟柯在《南方周末》撰文《业余电影时代即将到来》，由此他被认为是将 DV 电影（DV 是数字摄像机的一种录像格式）概念介绍到中国内地的第一人。贾樟柯还亲身实践，在山西大同用 DV 拍摄了电影《任逍遥》，这部电影进入了第 55 届戛纳国际电影节竞争激烈的竞赛片单元，成为 2002 年入围戛纳竞赛单元唯一的中国电影。

相对于传统电影制作越来越高的摄制成本、胶片费用和后期制作费用，价格低廉、方便轻巧的数字摄像机大大降低了电影的投资门槛和技术门槛。2001 年我国新的《电影管理条例》规定：从 2002 年 2 月 1 日开始，电影制片单位以外的单位可以经批准后摄制电影片、独立从事电影摄制业务。这些都意味着更多的民间资本和个人可以参与电影摄制，拍电影不再是少数人的专利，这必然给我国的电影界带来深远的影响。

2004 年 3 月 31 日，国家广播电视总局正式对外印发了《电影数字化发展纲要》(以下简称《纲要》)，强调要广泛吸引社会力量加入电影数字化的制作、发行、放映以及数字影院的新建。《纲要》提出，要在 2004 年底建成 100 个高标准的数字放映厅，3～5 年内建成 500 家以上标准统一、形式不同的数字电影放映厅，实现数字影院规模化经营，使数字电影院线进入中国电影放映市场的主流。《纲要》还鼓励社会各界积极研发具有自主知识产权、适合中国国情的相关应用管理软件，运用现代技术提高电影企业市场经营管理和制作技术水平，力争在 2～3 年内国产数字立体声的影片数量达到影片总数的 50% 以上。

2005 年，国家广播电视总局已投入 2 亿元人民币用于数字示范影院的建设，其中 1.5 亿元用于影院建设投资，约 4000 万元用于数字节目的分发和传输。到 2005 年 4 月，我国数字放映厅从最初的 13 个发展到近 200 个，超过了电影业发达的美国，成为世界上数字放映厅最多的国家，其中中国电影集团公司投资建设了 166 个数字放映厅，建成了世界上最大的数字院线。

我国数字化电影还处于萌芽阶段，中国数字电影的发展主要存在三个问题：第一，经济问题。目前在中国发展数字电影还很难产生利润，数字电影资金的投入非常大、设备折旧率高、员工的工资高等，中国数字电影事业面临着如何创业、如何吸收外来资金“注入新鲜血液”、如何实现商业回报进行投入产出的良性循环等紧迫问题。第二，利益分配问题。电影数字化之后，省了钱的是制片商和发行商，而价值几十万美元的数字放映设备却要放映商来出钱更新，又不能提高电影票价。这实际上是复杂的产业利益结构调整问题。第三，人才问题。中国目前从事数字特效制作的人员很少是电影行业出身，多是计算机专业和美术专业的人员，因此业内更需要既懂艺术又懂技术的人才，而且各个数字化电影企业之间也需要战略性的合作。

数字替代模拟，电子方式替代胶片方式，数字影院替代传统电影院，将是电影未来的发展趋势和方向。

第二节　新媒体传播与文化

文化是中国语言系统中自古就有的词汇，最初是在《论语》《说文解字》中作为文或化单独使用的。《周易·贲卦·彖辞》将这两字连在一句话中："刚柔交错，天文也；文明以止，人文也。观乎天文以察时变；观乎人文以化成天下。"西汉以后，文与化逐渐合成一个词，其本义为以文教化，表示对人性情的陶冶和品德的教养。

文化是人类为适应环境和改善生活形式所做努力的总成绩，文化是人们长期生活和创造的结果，通过人们不断的传承和交流继续存在和发展。文化中包含着人们对生活的认知、理解、价值取向和生活方式的规范。对文化的传承、保护和发展是构建人类社会的重要基础和支撑，这一来自人类学鼻祖爱德华·伯内特·泰勒（Edward Burnett Tylor）的说法被奉为文化的经典定义。

伴随着网络技术的不断成熟，媒体形态也在不断发展与更新。新媒体技术作为当前文化产业快速发展的有效支撑，以载体形式给文化产业的发展提供了新的发展平台，催生了文化产业的重要部分及新兴业态，推动了公共文化服务圈的更新换代。新媒体时代的到来，给解决文化民生有效供给的问题带来了新的路径与机遇。

一、跨文化传播

（一）跨文化传播的含义

跨文化传播涉及来自不同文化背景的社会成员之间的互动和沟通。在国际化时代，人们通过各种媒介和通信技术来跨越地域和文化的限制，与来自不同文化背景的人进行交流和分享信息。同时，跨文化传播还涉及文化要素的迁移、扩散和变动过程。随着国际化的推进，不同文化之间的互动和交流变得更加频繁和密切。各种文化元素通过媒体和旅游等渠道迅速传播到世界各地，影响了不同群体、文化和国家。跨文化传播关系到两个层次的传播：第一，日常生活层面的跨文化传播，主要指来自不同文化背景的社会成员在日常交往互动中的融合、矛盾、冲突与解决方式；第二，人类文化交往层面的跨文化传播，主要指基于文化系统的差异、不同文化之间进行交往与互动的过程和影响以及由跨越文化的传播过程所决定的文化融合发展与变迁。

在跨文化传播中，媒介的选择是至关重要的。随着科技的发展和国际化的推动，网络媒体成为越来越重要的跨文化传播渠道。网络媒体具有信息快速传播、传播跨度广、互动性强等特点，它的发展正在改变着人们的交流方式和媒介选择。网络新闻网站、网络社交媒体、世界范围内的网络视频等，成为跨文化传播的主要平台和途径。通过这些渠道，人们可以随时了解到世界各地的文化信息和文化交流的动态，促进不同文化之间的了解和交流。

（二）新媒体的跨文化传播职能

网络新媒体在传播主体、传播渠道以及传播内容的多样性和便捷性方面为跨文化传播提供了前所未有的便利。

第一，跨文化传播是在网络创造的虚拟现实中进行，网络使得传播空间扩大、时效更高、互动更强、近乎实现了无缝传播。

第二，文化的变迁或变异更加明显：包括渐变和突变、进化和退化、整合等多种形态。

第三，将原来个别属于区域文化的资源转变为全人类共有的资源，实现资源共享。

第四，相对于生活中文化的强弱势差异，网络中的沟通更强调求同存异，平等对话。

第五，网络作为先进的技术资源，在跨文化传播中，发达国家可能比发展中国家有更多的话语权和倾销文化的机会。

网络新媒体在跨文化传播中可发挥作用的渠道不仅有新闻网站，它可以提供如视频网站、社交网站、聊天室、电子商务等多种沟通渠道。在跨文化传播过程中，我们要善于挖掘网络新媒体的巨大潜力，将跨文化传播能力最大化。

在过去，跨文化传播主要依赖于官方渠道，例如，政府间的文化交流、国际媒体的报道等。然而，互联网的普及和社交媒体的兴起改变了传播的格局，现在，人们通过社交媒体平台可以自由地发布、转发和分享信息，无论是文字、图片、还是视频，一条能引起人们关注的信息在社交媒体上可以迅速传播，并达到惊人的传播速度和传播量。互联网和社交媒体的特点使得跨文化传播范围更加广泛、多元化和民众化。无论是个人用户还是组织机构，通过社交媒体都可以直接参与和推动跨文化交流。许多社交媒体平台具有国际化的特点，用户可以跨越国家边界，与世界范围内的用户进行互动，这为中国的跨文化传播提供了全新的机会和途径，跨国社交媒体平台的出现使得中国能够更加高效地进行跨文化传播，中国的文化和价值观可以通过社交媒体平台直接传播到世界各地，增进国际的相互了解和交流，同时，国外文化和观念也能够被中国用户轻松接触和获取，促进了中国与世界的文化交流。

二、大众文化

（一）大众文化的概念

关于对大众文化的界定，西方学者曾经列出了至少六种不同定义：

第一，大众文化是被人们所广泛喜欢的文化，这个定义强调受众在数量上的绝对优势，但没有考虑价值判断。

第二，大众文化是在确定了高雅文化之后剩余的文化，这是注重它与高雅文化的明显区别，但忽略了两者之间的复杂关系。

第三，大众文化是具有商业文化色彩的、以缺乏辨别力的消费者大众为对象的群众文化。这里主要从批判和否定意义上理解大众文化，无视它可能存在的积极意义。

第四，大众文化是人民的文化。这里强调大众文化是人民自己创造的，但未能指出这种创造所受到的文化语境的深层制约。

第五，大众文化是社会中从属群体的抵抗力与统治群体的整合力之间相互斗争的场所，这个定义不是把大众文化理解为一种文化实体，而是理解为不同群体之间的“霸权”斗争战场，但与斗争相对的协调方面基本忽略了。

第六，大众文化是后现代意义上的消融了高雅文化和大众文化之间界限的文化，这里突出了近来大众文化与高雅文化间的融会或互渗趋势，但有可能因此忽略其差异性。

将这些概念一一辨析后，我们大致能得出大众文化的轮廓：大众文化是一个特定范畴，它主要是指兴起于当代都市的、与当代大工业密切相关的、以国际化的现代传媒（特别是电子传媒）为介质大批量生产与消费的、采取时尚化运作方式的当代文化。大众文化是以大众传播媒介为手段，按照市场规律运作，旨在使普通市民获得日常感性愉悦的体验过程，它包括通俗诗、通俗报刊、畅销书、流行音乐、电视剧、电影和广告等。

（二）大众文化的特征

1. 商业性

大众文化作为一种商品经常被以盈利为目的地进行市场交易，经济效益成为其最为本质的属性之一。商业化的推动使得大众文化面临着来自商业利润的渗透和侵蚀。在市场竞争的压力下，一些大众文化作品可能会受到商业化的需求和限制，作品的创作和表达往往受到商业利益的影响，追求市场上的热销和受欢迎程度。与此同时，商业化的导向也使得大众文化更关注效益，将市场需求和商业利润作为指导，这可能导致一些大众文化的作品更多迎合主流口味和追逐流行趋势，而忽视了文化的审美属性、艺术品质和个体差异。

2. 感官愉悦性

现代社会快节奏的生活方式和大众传媒的普及，使得人们对于即时性、刺激性和娱乐性的需求日益增加。为了吸引和保持观众、读者、听众的注意力，一些大众文化作品普遍采用具有冲击力的表现形式，如煽情、幽默元素等，以及简单直接的情节和表达方式。这种欲望化的叙事方式和对感官的刺激往往能够迅速吸引消费者的注意力，带来即时的享受，这些元素在一定程度上满足了人们对于娱乐、放松和情绪宣泄的需求。

3. 复制性

当一件作品受到大众关注时，可能存在一定的经济利益驱动，导致一些生产者更加注重其能创造利益的交换价值而非独特的艺术价值，部分大众文化作品也因此被复制。

（三）新媒体与大众文化

在新媒体强大的推力下，大众文化得到快速发展，它以一种未曾出现的形式重视大众当下的现实生活，它的世俗性与娱乐化受到不少观众喜爱，由于它的出现，媒介资源和话语权的分布较以前也更加公平公正；这个新平台为满足普通大众的表达欲创造了有利的条件，增加了普通人实现明星梦的可能性。

1．网络大众文化对主流文化的颠覆更加彻底

《一个馒头引发的血案》是中国大陆自由职业者胡戈创作的一部网络短片，其内容重新剪辑了电影《无极》和中国中央电视台《中国法治报道》，时长只有20分钟，《一个馒头引发的血案》其无厘头的对白、滑稽的视频片段分接、搞笑另类的穿插广告，开创了中国影像化影评的先河。在网络上，《一个馒头引发的血案》的下载率甚至远远高于《无极》本身。此外，各式各样网络小说的兴起和流行，表明底层、边缘群体传达自身诉求的迫切性，网络受众在文化立场上趋向于认同大众文化，文化缺口掌控在真正大众手中。

2．网络大众文化是读图时代、视频时代的消费文化

图形和视频直观、刺激、快捷、简单，快手、秒拍、小咖秀等移动端口短视频的流行都再一次印证网络大众文化趋向快餐化。

3．网络大众文化能透视网络技术的影响力

弹幕指能直接显现在视频上的评论，是观看视频的人发送的简短评论，以滚动、停留片刻甚至动作特效方式出现在视频上。一些质量不高的电影，观众也许根本就不想看完，但如果观众在“弹幕”网站上观看，网友们机智的评论就会让看电影的过程充满了乐趣。

三、网络亚文化

（一）网络亚文化的概念

亚这个字常常带有次要或者附属的意味，亚文化一词是从英文 Subculture 翻译过来。根据《韦伯斯特百科词典百科版》的解释，它包括两个相连的定义：一是“社会中某一族群所特有的文化观念和行为方式”；二是“在社会、经济和伦理等方面具有独特特征的族群”。亚文化这个词本身只是一个标签，并不带有或褒或贬的含义。

新媒体传播与亚文化的联系主要体现在网络亚文化上，它是一种有别于网络主流文化，体现着独特的审美观和价值观的网络流行文化，具有极强的渗透力和影响力。它对未成年人的思想意识、行为方式有着极为深刻的影响，这些影响既有积极的，也有消极的。因此，我们要充分发挥网络亚文化的积极影响，而对网络亚文化产生的消极影响应采取相应的对策来解决。亚文化中比较经典的类型有网络恶搞亚文化、网络游戏亚文化、网络黑客亚文化、网络流行语等。

（二）网络亚文化的特点

1. 年轻化

网络新媒体在青少年群体中具有相当大的影响力，青少年在成长过程中经历了心理和身体上的变化，他们正在探索自我身份、个性和社会角色。在这个过程中，他们对于新事物、新文化的接受度和好奇心较高，更容易受到网络亚文化的吸引。网络亚文化往往具有独特的风格和特点，符合青少年对于个性、反抗和表达的需求。恶搞、流行语和游戏等活动能够带来新鲜、有趣的体验，从而吸引了青少年的注意力。

2. 时尚性

网络的出现彻底改变了人类的生活、工作和交流方式，同时也推动了时尚文化和网络亚文化的发展。网络的跨区域性、互动性和及时性给予了人们更多的信息和交流渠道，并且使得人们的交流和互动更加迅速和便捷。这种特点对于时尚文化的发展尤其重要，在互联网上，人们可以迅速获取到各种时尚信息，分享自己的时尚观点和心得，并与世界范围内的时尚爱好者进行沟通和交流，推动着时尚文化的国际化和多元化发展。

3. 自发性

自我表达的欲望在人类历史上一直存在，在网络中，匿名交流为人们提供了一个相对自由的环境，在这里，人们能够更为自由地表达个性、情感和观点，而无须担心自己的身份和形象受到约束或者影响。网络亚文化是指一些边缘化的群体或者文化爱好者在网络上自组织、自我表达并形成的一种文化现象。在网络匿名交流的环境中，人们能够相对自由地表达个性、情感和观点，并参与到各种不同的亚文化中。网络亚文化往往以共同的兴趣爱好、价值观或者生活方式为基础，通过社区、论坛、博客等途径进行交流和组织，吸引了许多人加入其中。

4. 现实性

网络充满活力和思维活跃的特点使得网络受众具有不墨守成规的特质，相比传统媒体，网络提供了一个开放的平台，让人们能够自由地获取和分享信息，并参与到讨论和互动中，这使得网络受众更容易获取多元的观点和信息。网络受众常常有着不同寻常的看法，这是因为他们通过网络关注现实，接触到了更广泛的信息和事件。网络上的观点和观点的交流往往是多元和多样的，人们可以自由表达自己的观点，并与其他人进行讨论和辩论。这种开放性和互动性的环境促使网络受众形成了对社会舆论的影响力。正是因为网络受众具有关注现实的特点，他们能够以一种积极的方式参与到社会议题的讨论和辩论中，并对舆论产生一定的影响。通过分享见解、批评现象、提出问题等方式，他们能够引起更多人的关注和思考，推动社会变革和进步。

四、网络视频

英国的约翰·洛吉·贝尔德（John Logie Baird）提出图像示意的表述结构，他认为荧屏化、全息化、超真实化是真实生活的主要表现，人们的各种官能细胞被充分地运转起来，以娱乐至上为导向的精神需求得到了很好的满足。在使用互联网来建构媒介图谱的过程中，网络视频、电视屏幕等影像式样越来越受到人们的关注，网络视频正迅速地进入人们的日常生活中，并以主流化的传播趋势快速发展。当代社会的主流表达是互联网视频，并建构了两种受众心理机制，分别是使用视频和满足需求，怀着不同心理的受众对视频主流化的表达空间进行了多角度的考察。

（一）网络视频的定义及类型

网络视频是一种视频内容和视频资源，它的主要支撑点是新媒体技术。它通过动态的形式将信息传达给大众，集多种媒介内容于一身，如视频、音频、文字以及图片等，是对传统媒体的多方面延伸和更高层次的发展。

在当代社会，视频分享、视频直播和视频搜索等是网络视频的主要类型。视频分享在给用户提供服务时，更加重视他们的个人体验，提供给他们足够的空间和自由，尽量不给他们太多约束。以视频网站酷6、乐视、爱奇艺为例，它们都是播客平台，在为用户提供服务时，也对用户上传和分享视频给予一定的支持。视频直播的产生得益于互联网和电视的发展，它通过互联网技术把电视内容传达给用户，使得用户即使不在电视机旁边，也能够同步接收电视事件直播，中国网络电视台、PP视频和腾讯视频等都是具有视频直播功能视频直播。视频搜索是利用搜索技术对视频节目进行全新的分类和综合，促使用户观看视频的巨大动力源于搜索引擎，用户可以利用搜索的方式得到自己想要的视频，这种方式既省时又方便、快捷，使用户的个人网络体验得到最大程度上的满足。比如，百度视频搜索就是使搜索引擎的功能得到最大化，满足用户的需求，为用户提供丰富的视频资源。

（二）网络视频的发展历程

优兔是美国的视频分享网站，也是全球第一个视频网站，俗称油管，它的诞生打开了网络视频发展的新时代之门。作为网友分享自拍影片的影音平台，它的主要功能是共享和搜索各种各样的视频短片，站内视频种类繁多，包括如电视节目、电视剧、电影、音乐录像带及家庭自拍等。优兔诞生的最初目的仅仅是为了分享自拍录像，但出乎意料的是，它的分享功能得到了大众的喜爱，并获得了每天上百万用户浏览的佳绩。2005 年，土豆网和 56 网相继诞生，进一步推动了我国网络视频的发展。

普通人的力量在网络视频发展的进程中发挥了不可忽视的作用，千禧年初，在网络上出现了个人自制视频，它的传播吸引了大众的关注，紧接着网络个人自制视频开始了井喷现象并在社会上得到迅速发展。胡戈的《一个馒头引发的血案》更是把网络个人自制视频推向了高峰，使网络个人自制视频成为舆论的漩涡。微博在 2010 年得到迅速发展，构建了一个以“碎片之链”为特点的微型社会。“微内容”的“超力量”在此得到完美的体现。微视频、微电影也借助它的力量得到了更好的发展。在经历了数年的发展之后，上市和品牌化被各大视频网站重新提上议程，其目的是得到长期的发展，而视频网站的上市，是网络视频行业走向稳定发展道路的重要指标。

（三）网络视频的特征

1. 娱乐引导方向

以音像视频的形式输出的网络视频已成为满足人们娱乐需求的一种方式，这也是当今社会的主流趋势，网络视频已经成为人类群体之间以及人与社会之间的重要精神文化载体和沟通桥梁，它的出现搭建了集娱乐和休闲交流一体化的网络场所。相比书写文化而言，网络视频借由图像和影像的途径更能够让大众享受到极致的娱乐，增强大众对生活的乐趣以及对人生的向往。美国有学者认为，娱乐已经成为当今社会不可缺少的调味品，当代文化已逐渐向视觉文化转变。显然，娱乐消遣方式在历史发展进程中得到了一次又一次的革新，不管在语言形式、技巧方面，还是在语义阐释、表达方面，视频的比以往各种形式的表达更为直接。

2. 全息表达

网络视频的全息化是借用了医疗生物领域的全息影像方法让大众的各种感官系统产生混乱，主要是在视频内容方面根据现实情况用虚拟影像的投影反射技术进行“超真”的复现，使得现实与幻境在高参与度中高度融合。网络视频影像通过构建一种拟态环境来加强大众群体对网络视频的认可度，拟态环境是指通过传播媒介对信息进行筛选、加工和重组，以构建一种与现实环境相似但不完全相同的虚拟环境。这种环境并不是直接对现实进行简单的虚拟呈现，而是通过选择性地呈现和重塑信息，使人们可以从中获取能引发共鸣的信息。网络视频影像通过对拟态环境的构建，赢得了大众群体更多的认可，它们以真实的素材为基础，经过编辑、剪辑和特效等处理，通过将真实和虚拟元素相互融合复写，创造出更加引人入胜的视觉效果和故事情节。这种真实与虚拟相结合的文化也成为现今网络视频的主流表达方式之一。通过创造拟态环境，网络视频影像能够呈现更加生动、富有创意和感染力的内容，引起观众的兴趣。在拟态环境中，人们可以体验到与现实世界不同的情感表达和互动方式，这进一步丰富了网络视频的表现力和影响力。如今，人们可以通过对网络视频的任意点播参与群体互动环节，这在一定程度上消除了电视媒体单一的映射结构体系，这也是网络视频文化的一个创新点，说明网络视频在某些方面已经超越了电视文化的地位。然而，网络视频全息化一个不可替代的特点是它通过某种途径间接麻痹了人类的感官系统，使得人们的感官系统处于虚幻境态而不受理性思维的束缚。

3.DIY 阐述

随着现代网络科技的腾飞发展，Web2.0时代为多媒体提供了足够的技术支撑，同时也为网络 DIY 视频打好了基础。DIY 原意指自己动手完成，网络 DIY 视频指的就是在没有抄袭别人的情况下创作的独一无二的原创视频，它的特点在于人人都可以将自己的灵感和想法通过运用某种技术，制作、传播然后和他人分享，并获得一定的互动，这整个环节中表明了普通人具有潜在的创作能力，网络 DIY 视频领域也涌现出不少优秀作品。

（四）网络视频的未来走向

1. 营销手段

在媒体意识不断得到提升的前提下，想要打造良好的企业口碑和个人品牌，一个重要的途径就是通过网络视频加大宣传力度。不管是企业还是个人，网络视频都能够帮助我们表现出良好的竞争优势。对企业而言，广告宣传无疑是提升品牌价值的一个重要方法，而网络视频广告具有性价比高、表现形式丰富、自我定位精准且广受大众好评等特点，非常适合企业进行广告营销；对个人来说，网络

DIY 视频也是一种自我营销的有效手段，自我营销的目的在于把自己的优势宣扬出去，并扬长避短。

2. 分众传播

1985 年出版的《分众的诞生》一书首次提及分众一词：以“划一性”为前提条件的大众社会正在演变成多个分支、差异化的小群体，这种现象像是被分割的大众，分众一词由此诞生。① 文然和安珊珊在《社会视域中的媒介分众现象分析》中提及：“分众是大众的再次分解，也是个体的二次集合。随着网络视频在社会流传的广度的逐渐延展，只有通过分解整体的传播内容才能达到‘1+1>2’的效果。” ②

3. 付费体验

企业通过网络视频进行宣传的同时必须为此支付一定的费用，而网络这一平台所得到的这些广告费来源渠道也非常广泛，如在视频制作过程为企业打视频广告和做字幕广告等，这样不仅可以让观众印象深刻，而且还可以引导大众主动消费。就目前互联网的盈利模式而言，视频网站的收入来源主要还是收广告费，内容收费也是业界近年来开始流行的一种盈利趋势，或许将来有可能成为网络视频盈利的一种主流态势。其中，内容收费是指有些视频在用户必须支付一定费用的前提下才能够继续获取新鲜信息，内容收费还可以通过销售自己门户的内容来挣取利润，比如，引进的国外科幻大片或者直播某些国际娱乐歌星的演唱会，这时视频网站会对用户收取一定的观看费用。在某种程度而言，付费视频更有利于提升互联网管理的质量，营造和谐多元的网络世界。当然，以上所列举的并不能代表网络视频全部的未来走向，它还需要借助媒介融合的力量才能得到更好的发展，这样消费者才会真正认可网络视频的重要性。

总而言之，网络视频主要是让大众群体自主上传视频文件，以互动交流和资源共享为主要目的，通过碎片化分享进行展示的网络视频在一定程度上满足了大众群体的审美眼光和心理感受，它也进入了后娱乐时代的时尚之门。

---

① 博报堂生活综合研究所．分众的诞生[M]．台北：远流出版社，1986.

② 文然，安珊珊．社会视域中的媒介分众现象分析[J]．当代电视，2005（8）：39–40.

五、网络大电影

（一）网络大电影及其特点

网络大电影即网络原生电影，被标榜为世界首部网络大电影的是 2000 年诞生于中国台湾的《175 度色盲》。网络大电影经历了以下几个发展阶段：2011—2014 年为萌芽期，其雏形表现为微电影，带有很强的“玩票”性质。2014—2015 年为成长期，影片投资大多在十万到几十万元。2015—2016 年为裂变期，《山炮进城》《道士出山》等网络大电影在多个网络平台上的总播放量情况喜人。导致这个裂变的原因是网络原生内容付费模式的产生。网络的迅速发展带来对网络原生内容的巨大需求，也为网络原生内容带来了巨大的经济效益。稳定的分账收益，则使网络大电影数量出现爆发式增长，并使得大量人员、资源、资本介入网络电影制作中。继爱奇艺后，腾讯、优酷、搜狐等视频网站相继进入网络大电影市场，华谊兄弟属下华谊创星参与出品的《校花驾到 2：蜜桃时代》《捕快血之刃》《恋爱的正确姿势》等多个项目也是资本进入网络大电影制作领域的结果。

“网络大电影入选 2016 年度中国媒体十大新词”①“网络大电影《夺命稻草人》2016 年拿下了北京大学电影艺术学院奖‘最佳编剧奖’”② 这些数据标志着网络大电影这个产业爆发式增长的力量，在这几年中，它呈现出以下的特点：

1. 内容小规模生产

网络大电影内容的主要特点是“精短而完整”，主要体现在小制作、小放映和小投资三点上，其中小放映是微电影广为流传的主要原因之一。微电影制作时长较短，少则几天，多则十几天就有可能完成整个制作流程，所以投资成本稍低，入门门槛也比较低，这也为普通大众提供了多种施展自我才能的机会。

2. 娱乐化诉求

娱乐是人的天性，这也凸显了媒体在人们心中的重要地位。传播学者在哈罗德·拉斯韦尔（Harold Dwight Lasswell）的媒介三功能理念下提出了媒介的第四个重要的特征，也就是我们经常提到的娱乐。娱乐所具备的内涵已经远远超出人们所认知的范畴，上升到与思维方式、语言形式、技巧和语义阐释、表达直接

① 国家语言文字工作委员会．中国语言生活状况报告（2017）[R]. 北京，2017.

② 网易娱乐．《夺命稻草人》获北大艺术学院奖最佳编剧奖[EB/OL]．(2016-06-23) [2023-8-27].https：//www.163.com/ent/article/BQ8TJ0RB000300B1.html.

相关的层次，而这些是网络大电影输出的重要表达方式。为了让大众享受到娱乐的意义，某些网络大电影会刻意破坏故事情节的完整性，只取故事情节的高潮部分，试图凸显娱乐性，这使得电影少了情景的铺垫和烘托，最终导致播放出来的效果远未达到理想状态。

3. 碎片化的消费体验

网络大电影之所以备受消费者追捧的一大原因就是它满足了当下大众碎片化的时间享受的需求，在依靠各种技术终端的条件下，消费者的消费体验得到了重组，观看电影的习惯也在潜移默化下被改变着，人们更需要在碎片化时间享受视觉刺激。最为值得一提的是，网络大电影不像以往那样结构单一，大众可以随心所欲地选择并享受自己的选择内容。

（二）网络大电影生产的闭环效应

网络大电影在几年之内的迅速发展与审查较宽松的外部环境相关，但 2017 年 3 月 1 日，《中华人民共和国电影产业促进法》正式实施，宣告网络大电影与院线电影审查标准将统一。监管只会淘汰低端的内容与作品，并非扼杀网络大电影的未来，因为它的生产市场已形成一个完整的闭环。

闭环简言之就是一个系统中所具备的反馈控制，通过反馈使系统输出值尽量接近于期望值，进而减少系统的误差。借助互联网技术，特别是随着移动网络的普及，网络大电影生产链上的闭环得以实现。网络大电影是视频平台的产物，而视频平台本身便是一个半封闭的系统，担当着自资、自产、自审、自营、自销的角色。从整个产业体系来讲，借助互联网技术，网络大电影生产链的闭环得以实现。具体而言，包含四个阶段：

1. 闭环的起点：从已有广大用户中来，生产与成效的闭环

既然网络大电影是互联网与电影融合的产物，那“互联网 +”的独特优势体现在哪里呢？制作方和网络发行平台是这样理解的：通过网络后台对网络大电影用户行为大数据进行抓取与分析，替筹备期的电影准备好依据、参照标准、衡量手段，进而指导网络大电影的创作。

院线电影面向大众，而网络大电影则是面向中众甚至小众，它的整体效应来自“长尾市场”[①]，所以网络大电影会提前给出观众清晰画像并锁定目标消费者。例如，网络大电影用户行为分析报告显示女性观众占 34%，男性观众占 66%；19～24 岁占 47%；25～30 岁占 39%。那么，网络大电影爆热的喜剧、动作、僵尸、

① 安德森．长尾理论[M]．乔江涛，译．北京：中信出版社，2006．

玄幻、体育等题材，大概是与男性用户相匹配的敏感类型；“网络大电影移动端观看数据中，安卓端占到58%”则告诉大家网络大电影观影群体更多集中在非苹果手机上，从而确定用户分布地域应以三、四、五线城市及乡镇和农村的低龄人群为主，那里将会是网络大电影的一片蓝海。为避免大量同质内容带来的审美疲劳，凭借对网络大电影用户的偏好画像，网络大电影可尝试对受众细分化、差异化进行探索：80后用户偏好宫廷、言情、悬疑题材；90后中意玄幻题材；00后喜爱搞笑题材；但少儿资源相对匮乏，呈现出较大的市场空白。2017年8月11日，网络大电影《星游记之风暴法米拉》在爱奇艺付费频道独家播出，它的目标观众定位为8～12岁的少儿，与电视上动画片3～8岁的核心儿童观众群错开了距离。

传统电影多采用导演思维，互联网大电影则聚焦于用户思维，借助大数据来研究网络大电影观众的年龄、行为、兴趣、特点等。总结、提炼、归纳各项指标后，让创作团队清楚知道观众喜欢什么热点、追捧什么题材，从而创作出更有针对性的作品。这种为观影人群量身打造的作品类型势必拥有更强的竞争力和更高的成功率，原因在于定制模式能够减少网络大电影从业人员由于个人喜好、片面认知、情绪波动等主观因素造成的误判，帮助他们规避行业风险，达到收益目标。网络大电影市场是细分的市场、垂直的市场。2016年上半年播放量占前五名的网络大电影在网络大电影整体中占比47.5%，低于同期同比例院线电影占比（59%），因此网络大电影应更重视个性化推荐。此结论再次印证了我们给网络大电影消费者画像、细分受众更有利于获得成功，甚至可以过滤筛选出对某一类型网络大电影重复购买的观众，把他们列为重点用户。

2. 中间节点：子闭环的叠加，生产与反馈／场景的闭环

（1）评论与弹幕

电影评分网站会影响人们对作品的判断，甚至会对票房产生导向性作用。然而作者发现不管是在豆瓣网、Mtite时光网、烂番茄等网站的影评组，还是在知乎、百度知道的问答平台，几乎看不到关于特定网络大电影的讨论。评价的缺位说明网络大电影显然没有进入主流电影的视线，那么网络大电影线上的发声和造势靠什么？刷“弹幕”吐槽给我们提供了另一个影评视角。

爱奇艺影业公司投资项目部的总经理窦黎黎做过一场名为《如何利用平台优势孵化网络大电影》的演讲，她认为经典或院线电影是反评论点的，希望观众看完以后找不到可以批评的点和失误。而网络大电影则不同，我们希望制作方在制作网络大电影时留一些空间让用户争议，这就是“网感”。

刚开始看 AcFun、bilibili 这类视频网站时，大家觉得从观看体验上讲“弹幕”评论是反人性的，但其用户的黏性极高，这是因为网络爱好者 90 后、00 后的消费主义价值观被重塑和重写之后的展现。不管是实用型“弹幕”也好，还是参与型“弹幕”也好，观众在“弹幕”中可以放肆地去表达趣味、想象……看到自己有意思的想法出现在屏幕上时，观众的参与感得到满足。再加上与其他影迷的互动、交流、对话，尤其是被别人追捧时，获得的几乎就是开派对般的高附加情绪价值。

在闭环控制理论里，正反馈能够让微小的输入产生巨大的输出，而“吐槽”是一种负反馈。但网络大电影制作方故意将某些劣势（如剧组太穷、镜头穿帮）设计为内容，这反而变成了网络大电影的卖点。这样一来，所引发评论的质量远远胜过网络大电影作品本身，人们去看网络大电影不是因为它好看，而是被槽点所吸引。所以闭环中的负反馈用到影片设计中能增加影片的抗干扰能力和用户黏性。

（2）用户观看情景变化

从目前的情况来看，院线电影的观看体验必定要比网络大电影好。首先，它是一个使观众物理空间的社交过程，具备仪式感；其次，院线电影大银幕的高清画质、沉浸式音响，大大提升了视听感受的舒适度。但是，移动网络让智能手机和平板电脑成了“人体器官的延伸”。用户观看情境化为随时随地、无时无刻的闭环：床上、沙发上、车上，进餐时、排队等待时、上洗手间时、走路时，边看边做其他事是年轻用户的观影常态，他们更倾向于使用碎片时间全天候的快速消费的模式。用户观看情境的变化为网络大电影未来的创作提供思路，如加大对特写的运用以适应移动小屏观看体验；院线电影的 3D、4D、IMAX 重视听，网络大电影没有必要取长补短，只需扬长避短，还可以针对许多观众追求刺激的特点加强惊悚、悬疑、罪案这类强剧情类型片的制作。

3. 生产与融资 / 收益的闭环

（1）众筹

众筹是互联网的产物，对普通民众来讲，其资产配置多分配在购买房子、股票、债券上。不过这些未必能满足大众的理财需求，尝试新兴行业或许可以拓宽普通民众原有的投资渠道。目前在网上，普通人通过众筹的方式也能参与影视投资。“成功众筹项目 37.1% 的筹集资金在 1 万元以下；万元级和十万元级的占比分别为40.9%和19.8%；筹集金额百万元以上的项目仅占2.1%”。[①]院线电影投资门槛高、风险大、项目少，民间小额资本进入无门；而网络大电影多数项目投资低，与众人拾柴火焰高的网络众筹相匹配。2016年网络电影《灵魂罪男女》进行资金众筹，不到3小时便筹集到预期30万元的拍摄经费，这便是最好的例证。

现在开设网络大电影众筹投资的平台有影大人、淘娱集等。众筹回报样式多种多样，涵盖债权、股权、消费权等。总的来看大多数众筹属于消费权投资，即投资了钱，最后获得的是实物回报（如免费观看电影／寄签名海报／电影的鸣谢）。另外，我国现行法律规定：股权众筹人数不能超过200人。对投资成本巨大的院线电影，这个人数限制，无疑是个极大的障碍，无法成全网络影迷参与电影投资的愿望，但对于只需投资几十万元、百来万元的网络大电影来讲，显然容易多了。

国内的网络大电影团队往往是创业者团队，他们有可能缺少参与传统院线电影生产制作的机会，然而他们思维活泛，网感强，对时下年轻人的网络文化消费偏好拿捏得更为准确，因此也容易获得观众的认可。借助众筹或许能从全新视角挖掘出一些优秀的项目、导演、团队，网络大电影为这些青年演员、导演、制片人、编剧提供了宝贵的锻炼机会。像网络大电影《赚够一千万》最开始的定位是院线电影，但片子拍出来以后由于资金不够没能进入院线（因为院线发行需要垫资几百万元），2016年8月，影大人平台将其列为成片众筹项目。

众筹让饱受资金困扰的网络大电影创作者们看到了破解资金难题的途径，有利于网络大电影的发展。不过，好的网络大电影项目如何拿到及时有效的资金支持、好的投资客如何在众多纷杂的网络大电影项目中把出色者甄别出来、解决闭环中双方信息不对称的问题，才是网络大电影众筹产业能否蓬勃发展的关键。

（2）付费

院线电影培养了观众的付费习惯，网络大电影继承了电影的基因，具备了点播收费的基础。一般网络大电影前6分钟可免费看，剩下的需付费才可观看。付费商业模式可使网络大电影这个产业有良好的长期发展基础，而互联网技术的发展推动了电影在线消费生态的成熟。网银、激活码、手机话费、支付宝、微信、

① 徐锻．中国互联网影视众筹行业发展报告[EB/OL].（2016-06-12）[2023-08-27].https://www.01caijing.com/article/4026.htm.

一次或包期（月／季／年）……这些构成了日益便捷的外部支付环境，尤其是平台 VIP 会员，通过付费，他们可以获得尊贵的身份属性感，更有抢先看／优惠看等特权。付费会员转化背后的商业逻辑不仅仅局限于他们直接上交的费用，更重要的是对于会员价值的挖掘，使潜在用户转化为固定用户。会员付费模式早在 2015 年就让近 60% 的网络大电影片方赚钱，即使现在竞争激烈，盈利比也远超院线电影盈收的 10%。

付费的完成令网络大电影出品方－平台－观影用户三方的联动形成了闭环，观影用户从平台得到网络大电影产品及服务，网络大电影出品方从平台得到观影用户的付费收益。平台从网络大电影出品方得到电影产品和因该电影产生的广告收益及新增付费用户收益，而这种闭环结构的核心是网络平台，我们在院线实体店消费时，一手交钱一手交货，不会留下观影用户消费的蛛丝马迹，但是在互联网上，所有行为都存在数字轨迹。当然，这些数字轨迹使每位观影用户让渡了个人信息，它的结果却是让三方受益。

4．闭环的终点：到目标网络大电影用户中去，生产与商品的闭环

网络大电影的产业数据、供求关系数据、反映用户意见态度和行为的数据，将为分析网络大电影市场提供很大帮助，继而为商品生产、交换、消费提供参考。

在好莱坞，票房仅占电影收入的 30%～40%，衍生品的贡献占比极高。如《冰雪奇缘》中艾莎公主的裙子在美国曾卖出 300 万条，收入 4.5 亿美元，创造了令人震惊的收益。

而中国电影衍生品收入只占总收入的 10%，部分版权方对于衍生品的认识有偏差：以为简单将电影元素印在笔记本、T 恤、钥匙扣、水杯等商品上就行了，最后这些商品沦落成为赠品、宣传品。但网络大电影的跨界延展潜力既可以想象又值得期待，第一，已有大数据显示，网络自制剧观众更加关注服装鞋帽、快销品、电子产品等使用周期短、更新换代快、需求量大的商品。第二，网络大电影观影市场已下沉到三线以下城市及农村，其人口超过 10 亿，这些目标用户跟一线城市目标用户的消费口味完全不一样，这为网络大电影夯实大规模目标用户打造了基础。

在被阿里巴巴收购整合后，优酷网试图打通视其频会员与淘宝网、天猫会员的界限，从而实现导流，进而构建基于电商的泛娱乐体系（如网络大电影付费用户即使选择 5 元单次的消费额度，未来也可以与其他行业的会员互通使用）。视频网站对电商板块的引流，让我们看到不同领域在全产业链上不断发生边界消融现象。

网络大电影商务变现方面，通过“粉丝”经济、周边产品变现已有成功案例，网络大电影内容可在动漫、游戏、衍生品等其他载体上进行价值流转。网络大电影生产市场的闭环本质是互联网传播新科技与传统文化、经济、商业纠缠到一定程度后的产物带来的新消费模式。也许目前它还没法与院线电影相提并论，但有业内人士预测，网络大电影未来会和院线影片平起平坐，甚至其地位会超过传统的院线电影。

第三节　新媒体传播与艺术

由于观念艺术、早期未来主义宣言、达达式行为和表演艺术的不断发展，新媒体艺术也逐渐得到了发展。后来，随着无线电技术得到快速推广，一些德国艺术家设想把这种向大众传递信息的媒介转换为一种创作工具，早期的新媒体艺术也应运而生。随着信息革命的爆发和计算机技术的迅猛发展，计算机成为主流的创作工具之一。艺术家们逐渐掌握了计算机技术，并将其应用于艺术创作中，他们打破了传统艺术的边界，开启了新媒体艺术的全新篇章。

一、新媒体的视觉革命

（一）视觉传达

人类对世界的认知范畴很大程度上取决于听觉和视觉这两大功能，因为眼睛和耳朵这两大人体器官具有得天独厚的距离测试能力。这种结论并非凭空捏造，相关行业的科学家通过一系列的数据研究表明：在客观认识这个世界时，人类通过视觉功能所搜集到的信息占所有信息的 80% 以上，剩下的信息则是通过听觉功能所得到的。为了强调视觉效果给人类带来的强大影响力，史学家班固在《汉书・校武李夫人传》中提到“一顾倾人城，再顾倾人国”。[①] 视觉器官表现出了强大的直观性传达效应，对人们的冲击力和影响力比其他功能器官的作用更大。视觉效应能够弥补其他器官的不足，让人们真正体会到了它在信息社会传播机制中不可比拟的地位。

① 班固．汉书[M]．颜师古，注．北京：中华书局有限公司，2019.

视觉传达设计是在 19 世纪中叶欧美的印刷美术设计的基础上进一步发展而来的，实际上也就是平面设计和图形设计的进阶和延展。在当今的信息社会中，由于科技的迅速发展和时代的不断进步，人们体验到了视觉效应所带来的革命性效果。视觉是一种非常直观和普遍的沟通方式，通过图像、图形、图案、图画等视觉元素，人们可以直接感知和理解信息。不同地区和文化之间的语言和文字差异常常成为沟通交流的障碍。然而，视觉则能够跨越语言和文字的限制，通过图像的视觉语言和符号系统，实现跨文化的理解和互动。例如，一幅图画、一张照片或一个符号，不需要言语或文字的解释，就能够被人们理解和共享，这使得人们能够在跨越语言和文化的环境中进行交流和表达，即实现了视觉传达。

视觉传达有两个基本概念，即视觉符号和传达。视觉符号通常是指通过人类的视觉器官所感受到的事物表象和本质，例如，有趣的古典戏剧、跌宕起伏的电影情节、富丽堂皇的欧式建筑物、惟妙惟肖的人物画像，还有精致唯美的摄影和形色不一的头发造型等都是通过视觉器官可以体会到的，这都是属于视觉符号的范畴。视觉传达的另一个基本概念——传达，通常是指一方通过某种符号方式向另一方传递信息的过程，它不仅可以在人与人之间相互传达，而且还可以在个体内得到传递，例如，人与人之间的沟通、人与环境之间的交流以及人与自然的和谐相处，都离不开传达这一重要纽带。它包括谁、把什么、向谁传达、效果、影响如何这五个程序。

视觉传达是一种普遍存在于世界各地的交流形式，不论语言、文化和国籍的差异，人们都能够通过视觉媒介产生的视觉语言进行交流。通过视觉传达，人们可以将复杂的观念和想法转化为简洁的图像和符号，使信息变得更加直观、易于理解和记忆。视觉传达不仅仅是将信息传递给受众，它还承载了丰富的文化内涵和情感表达。不同的文化背景和价值观可以通过视觉元素得以展现，以促进人与人之间的文化交流和理解。视觉元素可以弥补语言和文字之间的限制，通过图像、符号、颜色、形状等元素来传达信息、情感和文化。在新媒体时代，利用丰富的图像、图式、数码影像、视频等媒介优势，有助于人们在视觉互动中达成共识。新媒体技术使得视觉传达更加立体、生动和直观，能够创造出更加丰富和多样化的视觉语言和视觉体验。同时，视觉元素也能够与文字、语言、声音等元素结合，构建更加完整和多元化的表达方式，增强信息传递的效果。

（二）新媒体视觉传达发展现状

新媒体视觉传达在数字化快速发展的时代扮演着重要的角色，不仅拓展了视觉传达设计的范畴，还向更广阔的领域延伸。数字化技术的发展使得视觉传达设计能够突破传统媒介的限制，通过新媒体以更加自由和创新的方式进行表达。数码艺术通过数字媒介实现艺术作品的创作和展示；网页交互设计通过动态内容、多媒体素材等方式提供更丰富的用户体验；多媒体广告利用数字化手段传达产品和品牌信息；数字影像技术则提供了更精妙的视觉呈现方式。在数字化时代，人们对于视觉语言和视觉形式的认知正在发生变化，需要艺术家以更加创新和有趣的方式来吸引观众的注意力。这也推动了视觉传达设计向更深层次探索，例如，探索数字化技术与实体空间的结合、跨媒介的交互设计等。随着数字化时代的到来，视觉观念的多元化和新媒体技术的迅猛发展，新媒体利用数字技术和新媒介扩展了传统视觉传达设计的领域，同时，新媒体也对传统视觉传达设计进行了继承和发展，使得传统视觉传达设计得以在新媒体时代焕发出新的活力。这种新媒体视觉传达往往综合利用文字、声音、图像、动画、影像等多种媒体形式，创造出更新颖的视觉艺术作品。在互联网和交互技术的支撑下，新媒体成为新媒介、新技术条件下一种具有独特性的传达方式，使作品拥有一定的交换性和主动性，实现了多方位、多感官的信息传播。

2013 年 10 月，台北故宫博物院举办了一场名为“乾隆潮”的新媒体艺术展。这是一个用声、光、影、像打造的奇妙艺术世界，让蕴含帝王品位的乾隆时期文物与现代通俗文化做一场超时空的对话，通过街头艺术、角色扮演、卡通、动漫、电音、电玩等手法对乾隆的艺术品位进行了全新的诠释与再创作，展览借由新媒体科技，将文物变得很“新”、很“潮”。

了解新媒体艺术创作需要经过五个阶段：联结、融入、互动、转化、出现。联结并全身融入其中（而非仅仅在远距离观看），与系统和他人产生互动，这将导致作品与意识转化，最后出现全新的影像、关系、思维与经验。人们一般说的新媒体艺术，主要是指电路传输结合计算机的创作。最新颖的新媒体艺术将是“干性”硅晶计算机科学和“湿性”生物学的结合，这种刚刚崛起的新媒体艺术被西方学者罗伊·阿斯科特（Roy Ascott）称为“湿”媒体。

新媒体艺术的表现形式多种多样，但它们的共通点是使用者与作品之间的直接互动。这种互动性是新媒体艺术的核心要素之一，这使得观众不再是被动的观看者，而是成为作品的参与者和创作者。观众的互动行为会直接影响作品的视觉效果、形式和意义，使得每一次观看都可能呈现出不同的表现形式，从而创造出个性化和与众不同的艺术体验。不论观众与作品之间的接口是键盘、鼠标、灯光、声音感应器，还是其他更为复杂和精密的技术方式，使用者与作品之间的关系主要还是互动。使用者通过这些接口与作品进行联接后，可以随时扮演各种不同的角色，不仅可以搜寻远方的数据库和信息档案，还能够了解异国文化，从而产生新的社交体验。在网络空间中，作品更像是一种媒介，使用者可以通过这种媒介与世界各地的人进行联接，同他们交流和分享各种资源和信息。这种联结性并不受到时间和空间所限制，任何一个拥有互联网的地方都可以与其他地方进行联系和互动。正是由于这种联结性对现实空间和时间的解构，扩大了艺术家和观众之间的交流空间，促进了文化和艺术的多样性和交流。

二、新媒体艺术的典型个案

（一）日本新媒体艺术家黑川良一作品:《反向折叠》

《反向折叠》是黑川良一 2016 年作品《展开》的升级版，它是将与星辰及星系的形成、演化相关的诸多现象转译成声音、图像及振频的展演。作品将艺术美感与科学技术结合（图 4–3–1），灵感来源于由法国宇宙基本定律研究协会——法国原子能署（CEA–IRFU）的天体物理学家们基于欧洲航天局及美国国家航空航天局的卫星及赫歇尔太空望远镜收集的数据所提出的最新发现。除此之外，艺术家也借助法国宇宙基本定律研究协会的天体物理学家推算出的数字模拟方程式来为宇宙及其构造建构模型。

《反向折叠》努力表现核聚变（像太阳那样的恒星的能量来源），为超新星爆炸的瞬间建构模型，并最终描绘出不同星系撞击之后重新形成新恒星的过程，这种现象似乎也是我们所在的星系再过数十亿年后注定会发生的。最有意思的是作者请来了 CEA–IRFU 的专业研究员做学术指导，《反向折叠》的创作数据来源于赫歇尔空间望远镜项目、欧洲航天局、美国国家航空航天局、生物信息学实验报告、超级宇宙氢—阿尔法探测报告等，作为艺术作品，它结合了新媒体技术，还有可靠的理论支持，这无不体现了新媒体的特性。

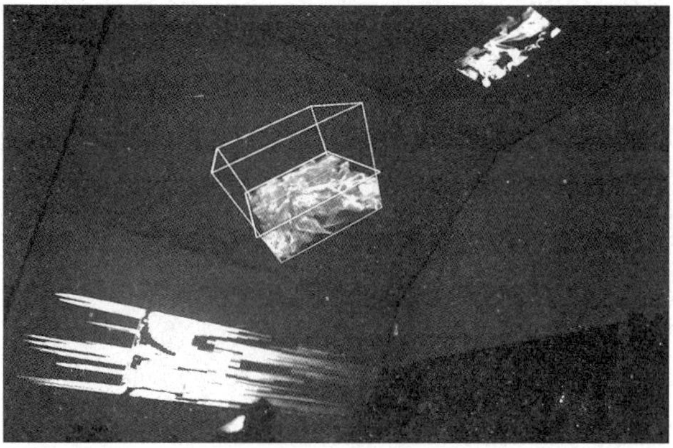

图 4-3-1　日本艺术家黑川良一的新媒体艺术作品《反向折叠》

（二）利用计算机算法把录像变成流动的“油画”

如图 4-3-2 所示，这件新媒体的艺术作品由创意公司 ESI 设计和 AV&C 联合创作完成。作品取材自拍摄城市或自然景物等生活场景的录像资料，取景地包括芝加哥河、城市列车和海滨娱乐设施等。计算机分析每个视频中的移动物体，而后随机生成风格多样的抽象作品，通过它，我们可以看到代表新媒体的计算机算法与艺术的结合。

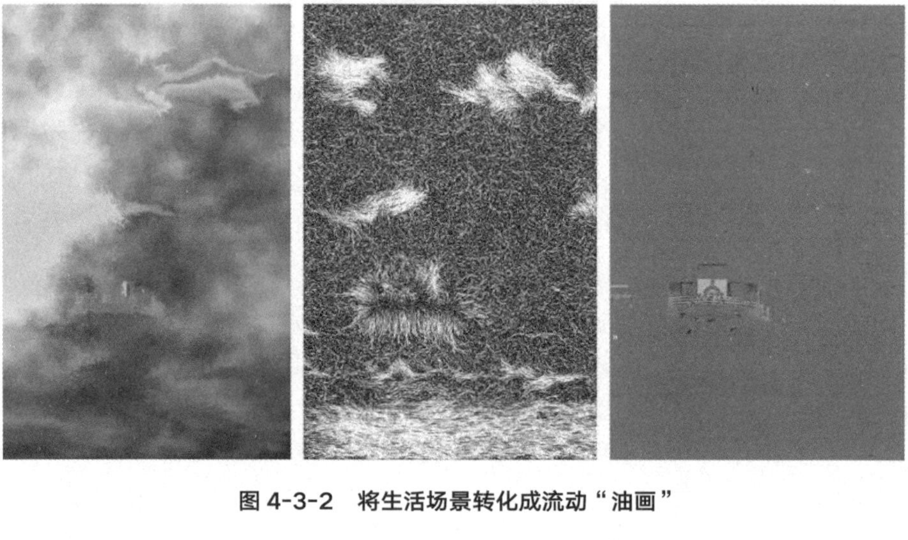

图 4-3-2　将生活场景转化成流动“油画”

（三）将北京城的小溪“穿越”到英国泰晤士河畔

这件名为《河边》的新媒体艺术作品由艺术家刘佳玉创作（图 4–3–3），它打破了艺术创作原有的时空观，将北京城的一条小溪“搬到”英国泰晤士河畔的一个展馆，风格唯美却又颇具创新性。艺术家在北京找到一条穿过长城的小溪并选段截流，通过三维实地扫描将干涸后的河床记录下来，然后利用数字控制机床制成混凝土河床。作品长 8 米、宽 3.5 米，曾在英国伦敦沃特曼斯艺术中心的河畔画廊内展出。作品使用三维计算机图形软件制作“溪水”，并使用 6 台高清投影仪进行与泰晤士河同样自西向东的河流映射。有意思的是，身在伦敦零时区的观众可以通过作品看到北京东八时区实时的河水流动状态以及根据日月交替而在水面上反射出的颜色、方向的微妙变化，观众仿佛能通过文化的“虫洞”由伦敦穿越到北京。

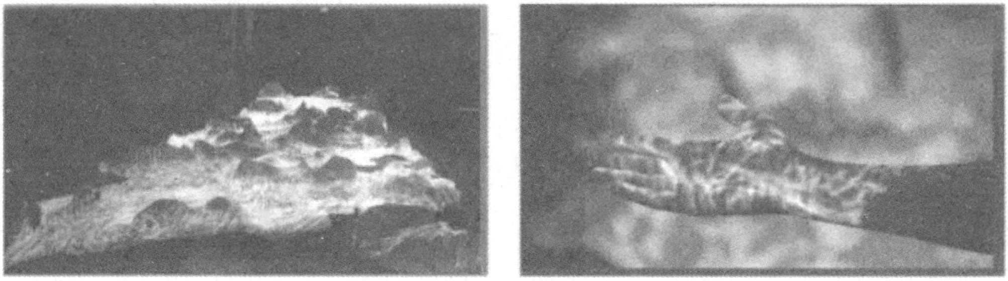

图 4-3-3　刘佳玉新媒体艺术作品《河边》

三、新媒体艺术的视觉传达特性

（一）多元性的视觉传达方式

新媒体和新技术的发展为视觉传达带来了广阔的发展空间，在新媒体的视觉传达中，互联网与交互技术扮演了关键的角色。文字、图像、声音、影像、动画等多种形式结合运用，能够帮助受众更好地获取信息。这种方式的优势在于受众具有一定的主动性，能够根据自己的需求和喜好对信息进行筛选和个性化的处理。在这样的视觉传达中，受众的全方位、多感官参与是非常重要的。新媒体和新技术让信息的传递更加贴近人们的生活和审美需求，使得信息传达变得更加立体、生动和直接，这也提升了受众对于信息的接受度，提高了信息的传达效果和实际价值。

（二）人性化的视觉传达形式

新媒体在多种媒介形式与多媒体技术融合的条件下，为同一平面（空间）中多种、多层信息同时显现创造了可能性。在新媒体中，浏览者可以按照自己的需求和喜好对信息进行个性化的呈现和处理，从而获得更为个性化的体验。通过新媒体艺术的设计，信息传播过程中的人性化得到了体现，个人对信息的处理变得更加有趣和灵活，可以根据个人的喜好和方式来探索和理解信息，这样的设计可以增强受众的参与感和互动性，为受众提供更丰富的视觉传达体验。

（三）交互性的视觉传达行为

在传统媒体传递信息的过程中，信息传播者是中心，受众只能被动地接收信息。依托数字技术、视频手段，新媒体得到广泛的运用，并在很大程度上扭转了这种局面，在新媒体时代，受众对信息的获取不单单是简单的接收，还增加了个人主动性，受众可以参与信息创作、传递的过程，亲身体验人机互动的感觉。互动是新媒体自带的一大技术优势，互动让之前以受众视觉体验为重心的新媒体艺术创作风格转化成更注重艺术作品受众心理的判断和选择，这种独具特色的互动成为越来越多的受众选择新媒体的一大因素。

四、新媒体艺术的表达方式

（一）组合

组合与拼接是当代新媒体艺术作品最基本的表达方式，以数字技术和媒介为基础的新媒体艺术，在表现手段和表达方式上更是离不开组合、装配、合成和拼贴等相关手段。各种非线性图像和影像编辑软件都是既方便又实用的数字工具。通过数字技术进行组合与整合，可以将分散的素材或个体的材料编辑成一个新的完整作品。像电影的蒙太奇剪辑方式，实际上也是组合、安装和拼接，将两个以上的画面组合在一起，产生不同于原有画面的新意义。这既是电影语言，也是新媒体影像艺术的重要表达方式。新媒体艺术的组合方式非常广泛，不仅包括了计算机屏幕内部的图像和影像组合，还包括屏幕之外的物质性和材料性组合。在艺术创作中，组合和拼贴是非常常见的创作手法，艺术家通过将不同的原始素材进行组合和拼接，制造出新的视觉形象，使得作品形成了新的视觉语言和表达方式。组合与拼贴的造型元素之间存在着某种逻辑关系，这种逻辑关系有时是基于物象的视觉相似性，元素在视觉上相互关联；有时也可以是基于物象的视觉对立，产生强烈的视觉冲击效果。同时，还存在着一种观念上的逻辑关系，艺术家可以将不同的元素依据一定视觉、文化等观念上的联系进行组合和拼接。

（二）转换

转换，也称为置换，是当代新媒体艺术一种普遍的表达方式。它强调通过移借或挪用的方法和手段，将不同的物象在材料上、体积上、空间上甚至时间上等许多方面进行重新组合，由此将原来的物象转换为一个新的物象。数字技术的特性和媒介特性为新媒体艺术的发展提供了更广阔的空间和更便捷的媒介，并丰富了新媒体艺术的转换手法。艺术家通过对原有事物进行改变，有时候会借助观众的互动参与，引发观众对事物被改造前后之间关联性的联想。这种互动性和改变使得观众对新媒体艺术作品产生了心理共鸣，观众在欣赏作品时，会思考艺术家所借用的事物形象与其原有含义之间的关联，从而领会艺术家表达的深刻含义和思想观念。新媒体艺术作品通过改变现实事物的形象和属性，在观众中引起了一种关于探索和联想的心理反应，观众将艺术作品中的转化和变形与自身经验和思考联系起来，从而理解艺术家所要表达的观念和意义。这种隐喻和象征性的表达方式，使得新媒体艺术作品能够从深层次触动观众的情感和思考，进而使观众对新媒体艺术作品产生心理共鸣。

（三）拟像

鲍德里亚（Baudrillard）是拟像理论的重要理论家之一，他强调了媒体在现代社会中的角色以及拟像和仿真的影响。根据鲍德里亚的观点，现代社会被他称为拟像社会，大众媒体在其中推波助澜。他认为，现代传媒的广泛应用加速了社会从现代生产领域向后现代拟像社会的堕落。在这个拟像社会中，真实和原初的事物被大规模类型化的拟像和仿真物所取代。鲍德里亚认为，由于大众媒介的影响，我们通过媒体看到的社会并不是真实的社会。事实上，他主张媒体通过操纵符码创造了一种超真实的社会，这个社会由被操控的符码所组成，与真实社会存在差异。换句话说，鲍德里亚认为我们通过媒体所接触到的事物已经超越了真实，这些事物属于一种仿真或拟像。他认为，这种拟像社会的存在剥夺了人们对真实的访问和体验，我们只能通过媒体来认识社会，真实社会已经被媒体模糊甚至因此消失了。鲍德里亚理论仿佛一针见血地指出了新媒体艺术在数字技术操纵下的本质特征，利用一切手段模拟现实和仿真，一切事物都可以在（数字）媒介中存在，一切都可以在拟像社会中被感知，拟像真实以某种模式和符号取代了现实真实，那么现实社会将是由模式和符号决定的社会，这便是一个新媒体艺术的社会。那么，模式和符号也变成了控制这个社会的方式。拟像也称戏拟、戏仿，是艺术家以虚拟的造型形式模拟现实社会中事物某种具有特征性的现象，再利用各种不同方法对其进行转换，以独特的语言方式表达事物的本质特征，拟像也因此获得了观众的认同与接受。

（四）重复

重复的表现方式主要体现在两个方面：一方面，在艺术创作中，艺术家将创作的素材进行了反复多次的排列和组合，将同类素材在重复中同时运用于一件艺术作品中，也就是对素材的一种反复运用；另一方面，指艺术创作语言方式的重复性表达，即在艺术创作过程中，艺术家运用了多重转换的语言方式将原有的材料进行一而再，再而三的转化并进行重复叙述，在不断重复转化过程中，艺术家的创作观念也随之显现出来。重复与排列的方式在一定程度上可以呈现出机械复制的感觉，无论是规则还是不规则的变化，重复排列所带来的复制感更强调了艺术家的主观意识，而恰恰是这种人为的复制感制造出了难以抵制的视觉力量。

五、新媒体艺术的审美

前文新媒体艺术的典型个案让人们看到了先锋艺术家们进行的勇敢探索，其中科技的发展无疑给这种探索注入了一针强心剂。影像／录像艺术、装置艺术、虚拟现实、电子游戏、信息科技、数字图像、实验性音响以及人工智能、大数据等都在新媒体艺术的涵盖范围内，体现了当代审美心理诉求的新特征。

（一）偶发、拼贴与碎片——非线性审美

查尔斯·皮埃尔·波德莱尔（Charles Pierre Baudelaire）在19世纪中叶就敏锐地观察到了现代工业社会的特征，即短暂、流变和偶然性。他认为，现代化的社会节奏、新闻传播的快速变化以及城市化带来的喧嚣和碎片化的经验，都对人们的感知和体验产生了影响。这种短暂、流变和偶然性的特征在后现代艺术中得到了进一步的体现。后现代主义将偶发性、拼贴性和碎片化作为其审美特征之一，并将其运用到艺术创作中，艺术家们不再追求传统叙事的线性结构，而是通过碎片化的形式和非线性的叙事方式来展现他们对世界的感知。其中，电影的蒙太奇技术对非线性叙事方式的发展起到了重要的作用。蒙太奇是一种通过编辑技

术将不同时间、空间和情节的片段组合在一起，产生新的意义和表达效果的方法，这种碎片化的叙事方式使观众对时间和空间产生错置感，打破了传统叙事的连续性，推动了后现代艺术的发展。

相比传统的线性叙事，非线性叙事更加注重文本的外部关系，即不同元素和机构之间的关联和互动。通过超链接，观众可以选择性地探索和访问这些离散的元素，从而形成自己的叙事路径，对故事进行体验。这种非线性的叙事方式让观众有了更多样化的选择，观众可以根据自己的兴趣和喜好自主地选择信息和深入探索。超媒体的非线性叙事方式提高了观众参与的程度，观众通过跳跃式的阅读和浏览，可以跳过已知的信息，从而形成个性化的信息接受和理解方式。这种非线性的心理体验强化了观众的参与感和主体性，使观众感受到了更为丰富和多元化的审美体验。

（二）数字化与虚拟空间——非物质性审美

新媒体艺术的非物质性审美体验主要体现在两个方面：一方面，审美体验具有艺术形态的非物质性。相较于传统的物质性艺术形态，新媒体艺术作品更加注重非物质性的表达和体验。它们以数字化、虚拟化、互动性等特点为基础，将图像、声音、互动元素等以非物质的形式呈现给观众。通过艺术家的创意和技术手段，新媒体艺术作品能够在非物质的层面上引起观众的思考，并引导观众进入一种非常独特的审美境界中。另一方面，新媒体艺术作品常借助数字化技术创造的虚拟空间进行呈现。新媒体艺术作品借助的虚拟空间可以是基于计算机图形学生成的三维空间，也可以是通过虚拟现实技术创造的沉浸式体验新媒体艺术作品。观众可以通过技术设备（如计算机、VR 头盔等）进入这些虚拟空间，与作品互动、探索和体验。这样的虚拟空间创造了一种超越现实世界的艺术体验，让观众体验到了更为丰富和多样的审美感受。在数字化信息时代，艺术作品的表现形态已经从物理世界转向了虚拟世界。通过数字化技术，艺术家们可以在电子屏幕、数字设备、网络等不同的媒介上创作和呈现作品，这样的转变不仅体现了现代社会以特殊形式对传统物质性艺术进行传承，同时也提出了对媒介、工具和技术的全新要求，使得艺术作品的形式更加多样化和开放化。

（三）情感传达——耦合式审美

新媒体艺术的作品不只是传统意义上的实体形式的物体，还可以是虚拟的、交互式的，它们通过数字化的特性和技术手段，新媒体艺术作品可以呈现出更加丰富、多样的艺术表达，在新媒体艺术作品中，通常包含着艺术家对社会、文化的思考和表达，传递着艺术家的情感。情感传达是连接观众和艺术作品的桥梁，在新媒体艺术作品中是重要的先决条件，当观众面对一个新媒体艺术作品时，往往会对其展现出来的文化信息产生好奇心，进而停留在艺术作品前进行观赏。新媒体艺术的特点之一就是其互动性和超时空性，新媒体艺术作品的互动性，指的是观众可以通过各种途径参与到作品创作和呈现的过程中，观众的参与可以包括反馈、互动、参与演出、创作等，这样的互动可以促进观众与艺术家之间的情感交流和沟通，让观众更好地理解作品，并产生更为深刻和丰富的体验。新媒体艺术作品中的数字技术和多媒体元素赋予了它们超越时空的能力，例如，通过网络传播、数字媒体传输等途径，艺术家可以在不同的地理位置和时间段内呈现他们的新媒体艺术作品，这种超时空性也进一步增加了观众参与和体验作品的可能。很多时候，由于人类情感本身是不可估量的，新媒体艺术作品以意象为载体，通过丰富的感受和想象，可以让受众反复地咀嚼、琢磨、玩味。此审美过程中可能有多种其他因素介入，但最主要的是情感体验，从一定意义上说，无情便无美可言。

美国著名的文化理论家丹尼尔·贝尔（Daniel Bell）认为，从 20 世纪下半叶开始，人类从文字阅读转向图像阅读已经是一个不争的事实。新媒体艺术的出现无疑会对人类的知识结构、认知方式以及行为方式产生重大的影响。

第四节　新媒体传播与经济

新媒体经济是一种新的经济形态，它主要由硬件设备生产业、软件服务业、渠道运营业、内容生产业、相关的营销服务业、维护服务业等产业构成。新媒体经济的飞速发展，与众多以互联网、无线网络、数字广播网络、卫星网络为基础的产业的变革、转型及融合密切相关，也是由于这些网络，新媒体经济才得以形成。

一、新媒体产业

（一）新媒体产业的含义

新媒体产业的含义主要有以下三点：第一，与新媒体有关的软件、硬件、内容等形式的生产、销售与服务。第二，负责新媒体渠道的建设、运营与服务的企业。第三，通过新媒体的新闻信息来服务社会、创造利润和增加就业机会的活动。

新媒体产业主要负责三种产品：

第一，使用新媒体所需得到的数字硬件设备的生产、销售与服务，包括个人计算机、智能手机、光纤、网线、路由器等电子硬件的生产、销售以及与售后维修服务有关的经济活动。

第二，使用新媒体所需通过的数字软件的生产、销售与服务，也就是新媒体渠道的建设、运营与服务，包括与有线网络、卫星网络、宽带、无线网的建设运营与维护服务有关的经济活动。

第三，利用新媒体硬件和软件而得以流通的新媒体内容的生产、与服务销售，包括文字、图片、视频、音频等内容形式的生产与交易流通，还包括设计、制作与维护网页的经济活动等。

（二）新媒体产业资源的构成

资源是指社会经济活动中人力、物力和财力的总和。资源的合理配置是经济发展的重要前提之一，也是推动经济发展的重要动力。然而，在社会经济发展的一定阶段上，相对于人们的需求而言，资源总是表现出稀缺性。由于资源数量和需求量的差异，资源无法满足所有人的需求，导致人们必须进行资源分配和管理。为了能够用最少的资源耗费，生产出最适用的商品，获取最佳的效益，就需要对资源进行合理配置。资源的合理配置需要考虑多种因素，如技术水平、环境变化、市场需求、政策法规等。只有在考虑这些因素并加以权衡的情况下，才能够实现资源的优化分配，增加效益，实现可持续发展。

资源配置合理与否，对一个国家经济发展的成败有着极其重要的影响。新媒体产业资源也是资源的一种，它对于国家经济发展有着至关重要的影响，同时它也是新媒体产业构成的基础。克里斯·安德森（Chris Anderson）在《长尾理论》中曾表示，网络经济（也可以说是以数字化网络媒体为核心的经济）是“被忽视的丰饶经济”，因为“我们有充足的货架空间，充足的流通渠道，充足的选择”，但他忽略了传统经济学“社会资源稀缺下的选择”的使命，也忽略了一个关键点，那就是“尽管所有媒体上的选择空间或许是无穷无尽的，但是人的注意力及时间仍然是有限的，我们的可支配收入也是有限的”。[①] 因此，新媒体产业最终还是由稀缺的资源构成的，“新媒体的产业资源主要由信息资源、渠道资源、注意力资

① 安德森．长尾理论[M]．乔江涛，译．北京：中信出版社，2006．

源与影响力资源构成”。[①] 后两者也可拆分成广告资源、受众资源与品牌资源。

1. 信息资源

加拿大学者麦克卢汉曾提出媒介即信息的著名观点，这不但阐述了媒介与信息之间的联系，也说明媒介是比信息更重要的存在。不同媒介所承载的信息构成、信息特点以及信息量等都有很大不同。

新媒体通过大规模产业化的方式，借助网络或移动网络生产出了大量文字、图片、视频、音频以及通过媒体融合而形成的多媒体形态信息。与此同时，传统大众媒体，如报纸、杂志、广播、电视等也在不停歇地大规模生产与传播着丰富的信息。这也就意味着人类社会已经逐渐迈入了信息资源极其丰富的富媒体时代，甚至出现了信息过剩的情况。相比传统媒体，新媒体的信息过剩情况更是严重，只要是有条件接触媒体的人，都处在一个被信息包围的宇宙中。

2. 渠道资源

渠道资源，就是指传输新闻信息资源的各种网络与通道，如平面纸质媒体的版面、广播的频率、电视的频道、计算机网络、手机移动网络、卫星网络等。媒体产业中的渠道资源一向都属于稀缺资源。虽然目前国际互联网已经基本普及，数字新媒体技术也已日趋成熟，但信息渠道资源还是比较有限。

在传统媒体中，纸质媒介的版面是有限制的；至于广播或电视媒体，由于它们的频率是基于卫星频道、微波频道或有线频道而建立的，所以频段也有限，同时广播或电视媒体属于稀缺的公共资源。虽然目前广播电视已经实现数字化转型升级，但数字化后的广播电视频率的稀缺性依旧没有改变。

国际互联网虽然可以容纳海量的传输信息，但依旧不能将其属性定义为无穷无尽的信息渠道。因为当下互联网的 IP 技术还未达到可以使网络 IP 地址无限增加的要求，现有的网络 IP 地址一旦分配完，而同时又没有颁布新的技术标准来替代的话，IP 地址就会成为稀缺资源进而产生大规模交易。被称作“玉米”市场的域名交易就是在网络域名稀缺而不能无限分配的情况下产生的，手机等移动端媒体信息渠道资源也是相同原理，虽然其波段资源丰富，但暂时还不能达到完全的无限分配。

3. 广告资源

广告收入是媒体赖以生存和可持续发展的经济源泉，所以广告资源对于媒体来说十分重要。新媒体的出现在一定程度上调整了其收入构成，信息资源的出

① 殷俊，袁勇麟．新媒体产业导论基于数字时代的媒体产业[M]. 成都：四川大学出版社，2009.

售成为新媒体的主要收入来源，但从本质上来说，新媒体依然没有完全摆脱依靠广告资源获取经济收入的局面。因此，广告资源依旧是新媒体产业经济的重要一环。

经济基础决定上层建筑，由于媒体主要以广告作为收益来源，而广告本身又是经济发展状况最直接的体现，所以媒体收入与经济发展状况紧密相关。在一定时间范围内，经济总量总是有限的，企业对于广告的投放计划数量也是有限的，所以哪怕各种数字新媒体为广告所准备的空间可以是无限的，但广告资源总量仍旧有限。有限必然引发竞争抢夺，各媒体为了自身发展考虑，就必须最大化获取广告资源。另外，发布广告的信息渠道虽然众多，但同样有限。有人认为新媒体近些年发展势头迅猛，已经盖过了传统媒体，所以传统媒体已经失去了广告发布的主体地位。但实际上，传统媒体的公信力、权威性、专业性比新媒体更有优势，所以传统媒体所能吸引到的广告资源依旧不可小觑。而且从目前的发展趋势来看，传统媒体已经在进行升级转型，它可以将新媒体的优势和自身的优势相结合，在这种情况下，我们有理由相信传统媒体的广告资源不输新媒体。总的来说，新媒体发展即使再迅速，其广告资源依旧是稀缺且有限的，新媒体产业想要谋求进一步发展，应当思考如何解决广告资源短缺的问题。

4. 受众资源

在社会经济中，消费是拉动经济的三大马车之一，而消费行为必须由消费者来执行才能达到交易目的，推动经济向前发展。大众媒体也一样，其生产的媒体产品必须有相应的受众来购买、来观看它才能继续发展下去，而当今社会是一个信息社会，谁掌握了更多、更有效、更快的信息，谁就有可能掌握先机，所以毋庸置疑，受众对于新闻、广告等信息的需求是必然存在的。这样的供需关系虽然稳定，但在一定的时间范围内，受众总量仍旧有限，受众的注意力、时间、可支配收入（或称购买力）也是有限的，所以，各大媒体为了获得最多的受众资源从而收取最大经济效益，就要尽可能吸引受众注意力、刺激其购买力。

当前数字新媒体发展势头迅猛，新旧媒体共同发展、激烈竞争，媒体信息市场一片繁荣。迈克尔·高德哈伯（Michael Goldhaber）认为，信息并不稀缺，在网络领域更是如此。网络信息不仅丰富，而且已经过剩，我们被信息所淹没，但是伴随着信息的流动，有一种有价值的稀缺资源也在网络空间流动，这种稀缺资源就是注意力，注意力经济才是网络经济的本质。

所以浙江工业大学的张雷教授将注意力经济解释为“注意力经济可以说就是

通过明星体制等手段，来吸引消费者与投资者的注意力，获得利润的经济行为”。[①] 也就是说，新媒体产业中受众的注意力才是真正的稀缺资源。

5. 品牌资源

无论对于哪种商品市场，对于品牌的竞争是一直存在的，大众传媒企业也不例外。有竞争就说明品牌资源的有限性和稀缺性，对于新媒体产业来说依旧如此。新媒体要获得品牌资源，就要不断塑造优良的品牌形象，在利用信息为社会公众提供服务的过程中，要以提升自身在社会经济、政治、文化以及在社会中的影响力为目标，打造一个受到公众肯定、信任和支持的品牌形象。品牌影响力越大，获取的公众信任度、支持度就越高，品牌价值就越大；而品牌价值越大，其影响力就越大，公众的信任度和支持度随之越高，长此以往的坚持，再随着时间的积累，这样的媒体最终会在市场竞争中脱颖而出，在媒体市场上占有一席之地。

（三）新媒体的产业群

目前，国内主要以新媒体生产环节（产业链）和新媒体类型两种标准来划分新媒体产业群。

1. 以新媒体生产环节（产业链）为标准划分新媒体产业群

迈克尔·波特（Michael Porter）在其《国家竞争优势》《群聚区和新竞争经济学》等论著中，提出了产业群聚和群聚区的概念。他的观点是“各国竞争优势形态，都是以产业群聚的面貌出现，当产业群聚形成时，一个国家（或地区）在最终产品、生产设备、上游供应及售后服务等方面，都会具有国际竞争的实力，而且很多产业群聚或具有国际竞争力的产业通常具有地理集中性[②]”。而国内经济学学者龚勤林认为，“产业链是各个产业部门之间基于一定的技术经济关联，并依据特定的逻辑关系和时空布局关系客观形成的链条式关联关系形态[③]”。所以产业链最终是由供应商、制造商、分销商、零售商、用户终端共同构成的一个纵向功能链结构模式。

那么什么是新媒体产业链呢？殷俊等学者的观点是“新媒体产业链是指新媒体所经营的互不相同又互相关联的生产经营活动所构成的纵向功能链结构模式，即在新媒体内容产品的生产和交换过程中，从媒介的投资、生产、发行、流通一

① 张雷．注意力经济学[M]．杭州：浙江大学出版社，2002．

② 波特．国家竞争优势[M]．李明轩，邱如美，译．北京：华夏出版社，2002．

③ 龚勤林．论产业链构建与城乡统筹发展[J]．经济学家，2004（3）：121—123．

直到用户接收和消费过程中上下游不同部门间的链式联系[①]”。如果对此做进一步解释，那么新媒体产业链主要由内容运营链节、网络运营链节和终端用户链节组成，即新媒体产业群可以分为内容运营产业群、网络（或渠道）运营产业群与终端用户产业群三大类。其中内容运营链节包括内容提供商、广告公司、客户、调研公司与内容运营商；网络运营链节包括设备提供商、技术提供商与网络运营商；终端用户链节包括终端制造商、终端服务商与终端用户。最终形成由内容、网络与终端构成的、无数的上下游企业组成的新媒体产业群。

2．以新媒体类型为标准划分新媒体产业群

中国传媒大学的宫承波教授与翁立伟博士以新媒体的类型为依据，将新媒体划分为网络媒体产业群、手机媒体产业群、互动性电视媒体产业群与新型媒体产业群四大类型，每一类产业群又包含了多种产业。

其中网络媒体产业群包括门户网站产业、搜索引擎产业、网络社区产业、即时通信产业、博客产业、播客（网络视频）产业、网络游戏产业、网络报纸产业、网络杂志产业、网络广播产业等；手机媒体产业群包括手机短信产业、手机彩信产业、手机彩铃产业、手机出版产业、手机广播产业、手机电视产业等；互动性电视媒体产业群包括数字电视产业、IPTV 产业等；新型媒体产业群主要包括城市彩屏产业、移动电视产业、楼宇电视产业等。

（四）新媒体产业的特征

1．知识密集

从造纸术、印刷术的发明到现在网络通信技术的高速发展，人类的信息传播方式一直在随着技术的革新一次次进步。可以说，科学技术是大众传播得以发展至关重要的前提。新媒体更是高新技术变革的成果，新媒体的产生和应用都需要建立在人类对知识和技术掌握运用的基础之上，在这个过程中，如果没有大量的人力资源投入和许多科学家、技术专家的贡献，新媒体是不会发展到今天这种程度的。所以说，新媒体产业是一种较为典型的知识经济。

上述所说，充分指明了新媒体是一种依靠脑力劳动创造价值的劳动密集型产业，新媒体核心技术与内容的生产主要体现在以下两个方面：一方面，新媒体应用了处于前沿学科尖端的高新技术，如移动通信技术、数字技术、计算机网络技术等，这些技术都蕴含着庞大的知识量；另一方面，只有大量精通新媒体技术和

① 殷俊，袁勇麟．新媒体产业导论基于数字时代的媒体产业[M]. 成都：四川大学出版社，2009.

新闻信息传播规律的专业人才，才能利用他们的智力劳动将新媒体内容的开发与生产实践起来，所以说新媒体工作也是知识积累、应用的过程。

2. 创新性强

新媒体以新字命名来与传统进行区分，主要是因为它有其自身的创新性。新媒体的创新性主要体现为全新的技术支持与焕然一新的内容形态，新媒体所运用的现代数字技术、计算机网络技术、移动通信技术等都在持续进行着升级与完善，与此同时，科学家、技术专家利用这些技术，还可以不断开发和应用新的媒体技术，如由网络产生的一系列“客”媒体技术，同时新媒体本身也在不断改进升级中。与新传媒技术一样有着革新性变化的是新媒体的内容生产，新媒体的内容是由数字技术生成的数字化文字、图片、图形、音频与视频，而后形成多媒体超文本，最后由计算机网络技术和移动通信技术来传输，这是一种全新的生产技术与生产流程。朝未来看，媒体融合所产生的融合媒体形态和融合媒体内容也在不断寻求创新，新媒体的创新性已经非常明显。

3. 附加值高

鲍勃 · 梅特卡夫（Bob Metcalfe）提出梅特卡夫定律，即通信网络的价值是其节点数或终端连线数的平方。戴维 · 里德（David Reed）提出的里德定律解释得更明白，他认为随着社交网络规模的扩大，重要性的增强，其有效性也会指数般增长，换句话说，每个新用户都会增加网络的价值。两位学者都认为以网络为基础创造出来的新媒体的价值是非常庞大的，正因为新媒体产业发展需要大量技术、资金、人力、智力，所以它具有其他大多数产业所没有的高智力密集性，它所含有和创造的附加值也远远高于它本身所含的物质价值。因为新媒体涉及知识产权保护与垄断的技术发明以及文化创意设计，所以新媒体产业的价值不单单只是来源于创造性的劳动，还源于如知识产权转让、商业化生产利润、相关延伸产品利润等商业活动产生的大量附加值，这些附加值甚至已经超越了新媒体知识产品本身的价值。另外，新媒体所需的投资相对较少，但其收益潜力是无穷的，所以它的附加值更是难以估量。

（五）我国新媒体产业的发展

截至 2017 年 12 月，我国网络普及率达到 55.8%，超过全球平均水平（51.7%）4.1 百分点，超过亚洲平均水平（46.7%）9.1 百分点。移动网络正在着力促进万物互联，以手机为核心的移动终端规模加速提升、移动数据量持续扩大，为移动互联网产业挖掘出更多的价值空间。

2017年，我国境内外上市互联网企业数量达到102家，总体市值为8.97万亿人民币。其中腾讯、阿里巴巴和百度公司的市值之和占总体市值的73.9%。以中国互联网公司三巨头为首的平台型新媒体企业，在中国的新媒体产业中占据绝对主导地位，它们的总资产增长率和无形资产增长率明显更高。这些平台型新媒体企业020的布局不仅各有侧重，还实行相互的并购和注资。比如，腾讯定位于智慧城市，重点布局交通、户政、出入境、生活缴费等公共服务领域；百度定位于人工智能平台，注资糯米网，重点布局团购、外卖、酒店和村务等生活服务领域；阿里巴巴定位于智能商城，重点布局口碑，着力发展商业超市、售货机、餐厅等线下零售领域。上市企业中的网络游戏、电子商务、文化传媒、网络金融和软件工具类企业分别占总数的28.4%、14.7%、10.8%、9.8%、5.9%。网络游戏产业在移动化、国际化、竞技化方面表现突出；而电子商务的服务模式、技术形态、赋能效力有了更大的创新；网络文化娱乐产业更加繁荣，网络视频、网络大电影的收入提升；新媒体广告的市场结构进一步趋于稳定。

二、新媒体经济中的重要理论

长尾理论是克里斯·安德森于2004年提出的一种新理论，它描述了在互联网时代，由于成本和效率的因素，越来越多看似需求较低的产品也能获得市场。传统的市场经济中，由于资源有限和成本较高，商家往往只关注那些销量较高、市场需求较大的主流产品，这导致了市场上只有少数热门产品供大众选择，而其他需求相对较小的产品供给不够充分。然而，互联网的出现打破了这种限制，互联网提供了广泛的展示和销售渠道，以及低成本的生产和分发方式，这使得更多人可以生产和销售自己的产品。无论这些商品在传统市场上是否被认为是小众或需求较低的，通过网络的国际化连接，即使产品的市场规模非常小，也可以通过各种渠道获得销售机会。这些需求和销量不高的产品所占据的市场总份额和主流产品的市场份额差不多，甚至更大（图4-4-1）。

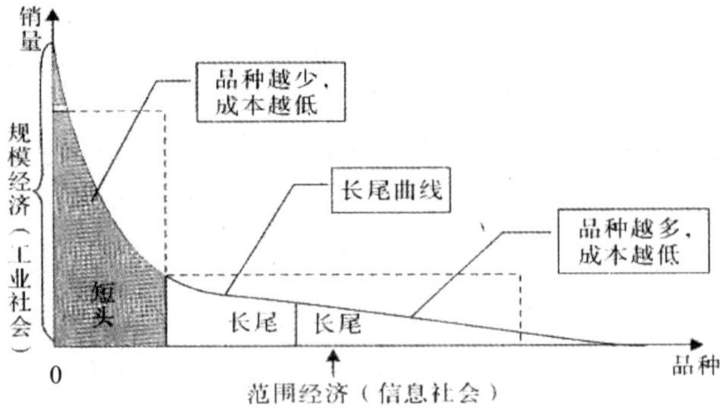

图 4-4-1　长尾理论

三、新媒体企业运营

理解新媒体产业不单要从以上的宏观解释角度去掌握，还需要具体分析新媒体企业的融资、盈利、成本、营销与扩张等微观层面的经济问题。

（一）新媒体企业的融资方式

新媒体企业是一种特殊企业，纵观其融资案例可以发现，即使其融资方式复杂多样，也大体可以分为直接融资与间接融资两大类型。除此之外，风险投资这种新型且被经常运用的融资方式也是新媒体企业融资过程中不可忽视的一类，风险投资不一定会通过金融机构来完成，是一种混合型的融资方式。

1．新媒体企业的直接融资

新媒体企业的直接融资指不通过金融机构，直接由新媒体企业与资金的供应者双方借助融资手段实现资金转移的融资活动。新媒体企业的直接融资的主要形式有联营投资、发行债券、吸收直接投资（如政府或其他基金、合伙出资等）、商业信用融资（一般包括应付账款、应付票据、预收账款等）、并购重组融资、留存收益融资等。除了发行债券的融资方式我国的新媒体企业很少甚至未见使用外，其他直接融资的方式在我国都极为常用，尤其是通过上市发行股票，而且在美国资本市场上市融资也是我国网络媒体公司等新媒体企业常用的融资方式。

2．新媒体企业的间接融资

新媒体企业的间接融资是指新媒体企业借助于银行等金融机构进行的融资。在整个融资过程中涉及新媒体企业、资金供应者和金融机构三方面的利益，资金先从资金供应者手中转到金融机构，再由金融机构提供给新媒体企业。新媒体企业的间接融资的主要形式有银行借款、非银行金融机构（如租赁公司、保险公司、信托投资公司、证券公司、信用社及企业集团财务公司等）借款、融资租赁等。虽然间接融资是相对节约社会交易成本的融资方式，也是目前我国一般商业企业重要的融资方式，但在新媒体企业的融资过程中，因为新媒体企业处于初创期，可能会出现盈利不足而没有足够的担保与信用，所以金融机构有不愿意向新媒体企业提供资金借贷的可能。

3. 新媒体企业的风险投资

社会对风险投资的理解有十多种，其中有代表性的如全美风险投资协会对风险投资的定义是，“由专业投资者投入新兴的、迅速发展的、有巨大竞争潜力的企业中的一种股权性投资”。而经济合作发展组织对风险投资的定义是，“属于下列情况的都是风险投资：第一，投资于以高科技和知识为基础，生产与经营技术密集型的创新产品或服务的投资；第二，专门购买在新思想和新技术方面独具特色的中小企业的股份，并促进这些中小企业形成和创立的投资；第三，一种向极具发展潜力的新建企业或中小企业提供股权资本的投资行为等”。还有欧洲风险投资协会对风险投资的定义是，“一种由专门的投资公司向具有巨大发展潜力的成长型、扩张型或重组型的未上市企业提供资金支持并辅之以管理参与的投资行为[①]”。但从本质上说，风险投资主要是由专业的风险投资公司专门为具有巨大发展潜力与营利前景的、初创的高新技术中小企业提供资本，并参与管理，做到利益共享、风险共担的一种权益投资方式。风险投资既可以是直接投资，也可以是提供贷款或贷款担保，或者是在提供一部分贷款或担保资金的同时投入一部分风险资本购买被投资企业的股权。而以网络媒体公司为代表的新媒体企业正好符合风险投资的条件，因此，我国大多数运营良好的新兴网络媒体企业很快获得了相当规模的风险投资，甚至风险投资已经成为我国新媒体企业一种普遍的融资方式。

（二）新媒体企业的盈利方式

1. 出售新媒体内容产品

自传统媒体出现以来，出售内容产品、提供有偿信息内容是它们的主要盈利方式之一，学术界、业界也一直将其作为研究重点。新媒体与传统媒体不同，获取新媒体信息内容多数情况下不像获取传统媒体信息内容那样，需要一次次主动

① 汪伯文，付强．风险投资的代理经济学分析[M]. 成都：西南交通大学出版社，2008.

购买，新媒体的优势就在于获取信息的低门槛和对于信息的开放性，除少数知识内容需要付费，大多数内容产品都可以免费获取，因此，大部分新媒体企业还没能全面实现通过出售内容产品来实现获利。不能排除的是某些专业性较强的资源网站，其所属企业完全可以通过对其用户进行有偿服务来获利，如在线音乐的付费下载、在线视频的付费观看、电子书籍的下载、游戏的有偿参与、VIP 会员制等形式。

2．出售新媒体广告资源

新媒体企业依靠出售广告资源从商业企业获得收入，这已成为新媒体企业的重要收入来源之一。对于新媒体企业来说，无论是做内容的网络企业、买内容的网络企业、搜集内容的网络企业，还是用户贡献内容的网络企业，内容的吸引力和点击率都是吸引商业企业投放广告的重要因素。新媒体企业依靠吸引人们的关注和兴趣，从而实现数据积累，形成商业价值，并提供给商业企业更精准的推广渠道，让商业企业获得更大的曝光和更多消费者的关注。

随着新媒体的不断发展，对于广告形式的创新和开发也是新媒体企业应当考虑的。新媒体的内容与形式在不断涌现新变化的同时，也带来了新的广告形式。传统的广告媒体，如报纸、杂志、广播、电视等，通常具有固定的版面和时段，广告内容与编辑内容相对独立。而新媒体则提供了更灵活多样的广告形式，能够更好地融入内容中，从而提供更个性化和精准的广告体验。

然而，消费者通常不愿意接受传统的商业广告，所以到了新媒体时代，营销人员通常会采取以非广告的形式来传播广告，如将商业广告植入某一专业知识性文章中，或者以新闻的形式发布等。这对于新媒体来说，是挑战也是机会，而在这之中最重要的一点就是要建立内容的真实性，即可信的内容、值得信赖的品牌、可靠的商业信息。安德鲁·基恩（Andrew Keen）曾对这种真实性做出界定，他认为这种真实性完全是虚构的[①]。

3．提供增值服务

增值服务通常可以理解为在提供标准服务的基础上，针对客户的特殊需求或使用场景，通过超出常规服务范围或不同的服务方式，为客户提供更加特殊和有价值的服务。增值服务出现的原因通常于客户、促销、制造、时间等。首先，增值服务要基于客户需求，提供给客户超出常规服务的服务内容和服务质量，以提升客户的满意度和忠诚度。其次，在促销方面，增值服务可以助推产品销售或促

① 基恩．网民的狂欢 关于互联网弊端的反思[M]．丁德良，译．海口：南海出版公司，2010．

销活动，提高销售量和效率。再次，在制造方面，增值服务可以为制造商提供特殊设计、生产和物流服务，以增加产品附加值和竞争力。最后，在时间方面，增值服务可以提供更快速、可靠、安全的服务，以满足客户和市场的需求。在新媒体领域，增值服务是一种重要的创收方式。随着互联网和数字技术的快速发展，消费者已经习惯了获取免费的新媒体内容，这给新媒体企业带来了挑战。因此，为了在免费内容的基础上实现创收，新媒体企业需要考虑提供增值服务。通过增值服务，新媒体企业可以为用户提供更加个性化、差异化和有价值的服务。这些服务可以包括付费内容、VIP 会员特权、定制化服务、广告定向投放等。通过提供这些增值服务，新媒体企业能够实现收费模式的转变，从而为企业带来更稳定和可持续的收入来源。运用增值服务的趋势在新媒体领域越来越强，因为新媒体受众对于免费内容已经形成了一定的习惯和预期。为了满足用户的需求，提供更高级、更个性化的服务，以及获取更好的用户体验，新媒体企业需要开发和推出增值服务，来扩大收入渠道，提升盈利能力。

（三）新媒体企业的微内容生产

媒体企业的核心要素是内容生产，这也是企业成本投入的主要部分，是企业运营管理的关键。根据现代内容生产的理论，内容生产分为宏内容与微内容。

宏内容是指由专业人员在专业机构中制作并经由专门渠道发布的信息产品，由于成本较高、资源有限（如版面、时段等），其传播必然遵循以尽可能少的内容服务于尽可能多的消费者的传播模式。

对于微内容，一些学者给出的定义是最小的独立的内容数据，如一个简单的链接，一篇网络日志，一张图片，一段音频，一段视频，一个关于作者的、标题的元数据，邮件的主题，简易信息聚合的内容列表等。也有观点认为，微内容是指在网络上至少拥有一个唯一编号或地址的元数据和数据的有限汇集。Web2.0 时代的信息传播是以微内容为基础，通过聚合、管理、分享、迁移，以进一步组合成各种个性化的丰富应用。一部分内容主要是由报纸、杂志、广播、电视、通讯社等传统大众传媒企业及部分网络新媒体企业所生产，另一部分内容主要是由众多网络新媒体企业所生产。

克里斯·安德森在著名的《长尾理论》中提到，“长尾的三种力量在于生产工具的普及、通过普及传播工具降低消费的成本、通过连接供给与需求将新产品介绍给消费者”[①]。长尾的商业法则主要是通过让存货集中或分散和让顾客参与

① 安德森．长尾理论[M]．乔江涛，译．北京：中信出版社，2006．

生产来降低成本，通过多种传播途径、多种产品、多种价格来考虑与开拓小市场，通过分享信息、考虑“和”不考虑“或”、让市场替你做事、利用免费的力量来摆脱控制。利用这一点，数字新媒体尤其是网络新媒体企业的内容生产是在采购传统媒体企业内容的基础上，极力吸引广大受众参与，如微博、抖音、梨视频、维基百科、百度百科等为消费者参与生产的微内容。其中《东方早报》前社长、澎湃新闻前 CEO 邱兵所创办的梨视频采用了“用户生成内容（UGC）+ 专业生成内容（PGC）”的模式，UGC 的表现是 2017 年底梨视频网罗的全球拍客已达到 4100 人，PGC 则体现在了梨视频仍然是一个比较严肃的、能有一定理想主义色彩和职业操守的平台，对原创内容的生产和再生产，还是严格按照传统媒体的办法，包括话题策划、审核、调性，都侧重显示新闻的力量。总体而言，相较以往的传统媒体的宏内容生产模式，微内容的生产模式的生产成本已经大大降低。

（四）新媒体企业的营销与推广

营销与推广是企业的一种经济行为，通常是指工商企业组织以各种市场推销手段向顾客宣传产品，以激发他们的购买欲望和消费行为，从而扩大产品销售量、提升企业形象、树立产品品牌的一种经营活动。

新媒体企业虽然自身就是通过市场交易来盈利以及营销、推广的新型渠道，但是新媒体企业自身也需要开展相应的营销与推广活动。新媒体企业可以通过策划来实施线下与线上相结合的营销推广方式，也可以通过名人效应、新闻事件、公益活动等公共关系来营销与推广。另外，由于新媒体企业自身所带有的渠道属性，更应充分利用这一方面的优势来为自己做营销与推广，如手机新媒体有手机广告营销与推广，也有手机信息营销与推广；网络新媒体则有网络广告、许可邮件广告、会员制营销、网上商店、BBS 营销、博客营销、微博营销等众多新的营销与推广方式。其中网络广告包括关键词广告、网页内定位广告、网站页面横幅广告、类广告、赞助式广告、邮件广告等方式。此外，口碑营销在网络新媒体平台上也很盛行，它之所以被业内人士称为病毒式营销，主要是由于口碑营销所具有的传播速度和影响力，能像病毒一样传播扩散迅速且受众广泛，而且它不像完全定义上的广告宣传那么明显而高调，而是在无形之中对大众产生深刻影响。在这个社交网络盛行的时代，口碑营销往往最具说服力。最典型的就是淘宝网站上的淘宝社区功能，在淘宝社区，卖家可以增加自己店铺和商品的曝光率，以吸引顾客流量，赢得口碑，买家也可以在淘宝社区通过查看商品详情页面上的购买人评论，即查看他人购买产品后的反馈意见来掌握更多商品信息，由此可见，淘宝社区是社交网络与电子商务的典型。

（五）新媒体企业的扩张与并购

市场竞争中优胜劣汰是最常见的现象，而这种现象最直接的表现形式就是扩张与并购。任何产业中都存在着竞争行为，只有竞争才能激发产业潜能，使产业不断向前发展，这一点对于日趋壮大的新媒体产业尤其重要。新媒体企业为了在竞争激烈的产业群中寻求生存、发展乃至成为市场领先者，对其自身进行扩张和向外并购是常见现象。目前，新媒体企业对于盈利方式的探索日趋成熟，盈利能力总的来说也有了明显提升，在这个过程中，新媒体企业之间的竞争也越演越烈，市场份额的占取、主导或操控市场价格和产业利润的能力都是新媒体企业所追求的，而要做到这些，就必须利用各种手段吸引投资、扩大生产与规模、增设网点甚至兼并、收购处于竞争劣势的同类或异类企业，以实现集团化发展，发展规模经济。其中新媒体企业同类并购案例，如携程旅行网收购北京现代运通订房系统、亚马逊公司收购卓越网、阿里巴巴收购中国雅虎网站、优酷与土豆并购等；还有新媒体企业混合并购，如美国在线与时代华纳的并购等。

第五章　新媒体传播的发展趋势

第五章主要介绍了新媒体传播的发展趋势，其中第一节简要介绍了新媒体传播的互动化趋势；第二节主要介绍了新媒体传播的个性化趋势；第三节介绍了新媒体传播的智能化趋势，以人工智能为例。

第一节　新媒体传播互动化

"世界是平的"。[①] 这是《纽约时报》著名专栏作家托马斯·弗里德曼（Thomas Friedman）于 2004 年对世界发展趋势做出的判断，在他定义的平坦世界里，所有成员（不论是国家、地区、公司还是个人）被遍布全球的传播网络连接到一起，共同分享知识、分配资源、分担工作，因发展不平衡而导致的垂直式、层级式旧秩序正在被一一打破，取而代之的是通过充分交流与合作创造价值的水平式新秩序。

如同麦哲伦（Magallan）16 世纪时发现地球是圆的一般，这一判断一问世就迅速引起世界范围内的震动和激烈讨论。暂且抛开基于对采访经验的不完全归纳而做出判断的行为是否科学合理，弗里德曼用以佐证他观点的大量第一手资料至少向我们展现了世界上某些地区、某些领域正在发生的扁平化现象和世界变平的可能性。

平坦世界赖以维系的传播网络由各式各样的媒介构建而成，随着充分交流与合作需求的不断提升和传播工具使用便捷性的不断提高，网络各个终端的传播主体意识不断加强。传统的单向传播方式越来越不能适应这些新变化，人们日益期待一种直接的互动传播方式。

为迎合使用者的新要求，以在竞争中抢占先机，构成传播网络的各类媒体管理者需要针对加强互动性这一重点积极尝试改进媒体性能、服务方式和内容制作方法，增加媒体的互动传播能力。在传播领域，互动是一个被频繁使用而意义模

① 弗里德曼．世界是平的[M]. 何帆，肖莹莹，郝正非，译．长沙：湖南科学技术出版社，2006.

糊的术语，而了解互动的真正含义是理解新媒体、判断新媒体传播效果并预测其未来发展趋势的关键。

互动由相互和活动构成，字面上至少透露出以下三层意思：第一，互动发生在两个或两个以上的参与者之间，至于参与者的性质，可以是个人，也可以是组织，甚至可以是物体、环境等；第二，互动参与者拥有相互作用的通道，你来我往，而非某一参与者单方面的行为；第三，活动暗含主动之意，也就意味着互动参与者均有对活动的主动控制权。

具体到传播领域，所谓的互动则是指在共通的语义空间下，传播者与受众通过双向渠道交换信息，根据对方传达的信息做出回应，在共同控制中完成传播活动的行为。

一、双向沟通渠道

在传播者与受众之间存在传送信息与接收反馈两条信息流通渠道，是互动发生的基础条件。互动传播的双向性和信息传输的对等性是检验互动性的重要指标之一，在一次互动传播过程中，信息传输的能力是影响互动行为成立的重要因素之一。当传播和接收两个方向的信息传输能力相对均衡时，互动过程更加平衡和对等，双方能够更充分地表达自己的需求、想法和感受，并获得对方的反馈和回应。这也有助于互动传播过程中双方的相互理解和信任。相反，当两条通道的信息传输能力差异很大时，可能会导致互动过程失衡，一方的意见和需求更容易被忽视，从而影响双方之间的沟通和互动效果。例如，在传播信息方面，传播者可能有更多的资源和话语权，同时，受众的反馈和回应可能受限于双方之间传输信息的技术水平和信息传输的手段等。这些因素都可能影响互动传播过程的质量和效果，降低互动过程的满意度和互动度。

实际情况中，信息传输往往会受到各种限制和干扰，如信号弱、存在干扰源等，还有另一个影响因素也在干扰信息传输，即信息传输中涉及的环节数量（N值）。N 值的大小会对信息传输的可靠性、保真性和效果产生影响。信息在传输过程中，可能需要经过多个环节，如传输设备、传输网络、中继站等。每经过一个环节，都容易产生一定的传输延迟、丢包率、干扰等问题，这些都可能导致信息传输的中断、变形或失真。理论上来说，当 N 值越小，即信息传达到另一方所经过的环节越少，信息受到干扰的可能性就越小、保真性越强、能够产生的效果也越好。

二、回应对方传来的信息

传播双方都根据对方传来的信息采取相应行动或发回反馈信息，只有这样，才能在两者之间形成互动，否则是无效传播（双方均对对方的信息无动于衷）或单向传播（仅有一方对另一方的信息有回应）。

互动传播过程在时间轴上呈现出继发性特点，即 A 向 B 发出信息，引起 B 的相应行为，B 在行动中的表现、意见、态度等通过反馈渠道传送给 A，A 根据反馈调整传播行为，以调整后的方式继续向 B 传播信息，如此循环往复，直到传播活动终止。其间，循环的次数越多，互动越有机会走向深入。

互动传播中的一些关键因素与信息做出回应的速度之间的关系可能有一定的相关性。首先，双向渠道的层级数对信息回应的速度可能会产生影响。如果参与互动的渠道层级较少，信息传递和回应的速度可能更快。其次，参与者使用渠道的便捷度也与信息回应的速度相关。如果互动的参与者能够快速、方便地使用各种互动渠道，他们更有可能及时回应。再次，互动关系中各方地位的平等程度也可能对回应的速度产生影响。如果互动关系中各方地位平等，没有太多约束和限制，受众能够自由表达自己的意见和回应，传播者也愿意接受和处理这些回应，那么回应的速度可能更快。最后，互动一方的组成人数与信息回应速度具有反相关的关系，当涉及大规模互动时，如大规模在线群体讨论或社群互动，由于参与者众多，信息回应的速度可能会受到影响，回应的速度可能会受到参与者之间的沟通、协调和决策的时间所限制。一般情况下，个人对信息的回应速度最快，因为个人决策相对容易、行动快速、适应性强。相比之下，作为互动一方的组织，如企业机构、政府部门等，其组织结构相对复杂，内部的协调和合作需要一定的时间和成本。一个组织内部的决策、审批、通知等流程，可能需要通过多个部门或层级进行，这些过程都会对回应速度产生影响。此外，在一个组织内部，参与者之间可能存在权力和责任的分配，决策需要经过较多的流程才能得到落实。在互动传播中，即时回应能够更直接地满足参与者的需求，带来更高的参与度和互动效果。通过即时回应，参与者能够及时获得他们感兴趣的信息、解决问题或提出建议，并得到对方的回应和指导，这种有针对性的回应有助于增强互动的效果，促进双方之间的共享有利于双方相互理解。

三、共同控制传播过程

互动传播是一个双向的过程，参与者之间的相互作用和回应会影响传播内容的发展。互动传播中的双方都对传播具有一定的掌控权，双方可以通过互动和回应来共同塑造和调整传播内容。互动的参与者可以表达自己的意见、想法和反馈，提出问题或观点，并期待得到回应。传播者需要关注受众的反馈和回应，适时地进行调整和回应，以满足受众的期望和需求。这种共同控制的互动过程可以使传播内容更贴近受众的需求和利益，增加受众的参与度，双方的互动和共同控制可以促进传播者与受众之间的深入交流、有利于双方进行更有效的信息传递，增进传播者者与受众间的相互理解，有利于双方建立更具互信的关系。

在这种双方共同控制中，传播者和受众之间的权力和影响力可能存在差异。传播者可能在传播内容的创造、选择和传递方面拥有更大的主导权，而受众则在反馈、回应和解读方面具有更多的主动性。双方的控制力并不一定均衡，但双方都可以参与和影响传播过程，共同塑造传播的发展。

传统的大众媒体，如报纸、杂志、广播、电视等，在适应新的传播环境和满足受众新需求的过程中，不断探索和发展互动的新途径。它们开始注重建立双向沟通的平台，通过互动功能和社交媒体等手段，使受众能够更加主动地参与到信息传播和内容创作中。这使传统大众媒体和受众之间的界限更加模糊，信息传播变得更加多样化、互动化和共享化。

第二节　新媒体传播个性化

随着新传播技术的不断出现，互联网新媒体正在飞速发展。2014 年，在浙江乌镇举行的首届世界互联网大会上，与会的部分业内人士认为未来新媒体的个性化定制将成为大趋势，网络会变得比你更了解你自己。

今日头条是一款基于数据挖掘的推荐引擎产品（图 5-1-1），它的系统通过观察每个用户的行为，不仅可以对这个用户进行了解，还可以得到不同用户之间的差距。它可以知道同样使用 iPhone 6 手机的北京男性用户有什么共同的特点；在使用移动网络流量和 Wi-Fi 网络的时候，小米手机的用户喜欢看的内容有什么区别。手机屏幕很小，信息却那么多，这两者之间的矛盾越深，信噪比（有效面积内的信息和噪声的比例）就显得越加重要。根据受众在特定的情境下的需求，媒体需要在不同的时间、不同的地点准确推送不同的内容，故受众对个性化推荐的需求只会更强烈。同理，百度平台也格外注重用户的个性化体验，百度自己不产生新闻，但是它每天要聚合超过 40 万条新闻，并通过对每个用户不同特点的分析为用户定制千人千面的个性化新闻推荐。

图 5-2-1　今日头条

由此可见，随着大数据技术的发展和应用，新媒体已经能够通过分析用户数据，更准确地了解用户的兴趣、需求，以及潜在的行为和心理特征。在此基础上，新媒体可以通过个性化推荐算法，为用户量身定制内容；或者针对某些特定场景和需求，即时地生成和推送相关的媒体内容。这种个性化和情境化的媒体服务，不仅可以提高用户的体验感和满意度，同时也可以帮助媒体增强用户黏性和提升用户转化率。在市场营销中，个性化推荐和定制化服务也被证明是一种高效的市场营销方式，能够增加消费者对媒体的信任度和忠诚度，当今时代，新媒体不仅要帮助用户找到优质的内容，同时还帮助优质的内容找到优秀的读者。

一、个性化趋势的理论基础

分众理论是传播学理论中能直接体现受众的个性化诉求的理论，分众这个词是说，受众并不是同质的孤立个人的集合，而是以不同社会性质所区分的人群。分众理论认为，受众不是一个统一的整体，而是由各种社会群体组成的。不同群体的受众有着不同的兴趣、需求和价值观，因此对媒体内容的反应也是多样化的。受众的观点和行为受到他们所属社会群体的影响，他们更倾向于接受来自同一社会群体的信息和观点。在大众传播过程中，受众并非完全被动地接受媒体传递的信息，而是有一定的自主性和能动性，受众根据自身的需求和兴趣选择接触哪些媒体内容，主动地对媒体信息进行筛选、解码和理解。这与饥饿的消费者模型观点相反，饥饿的消费者模型观点则认为受众对于媒体信息是被动接收和被动接受的。

分众理论的一个前提假设是认为人们具有不同的个人属性和社会属性，这些因素会影响个体的媒介需求、接触动机和媒介取向。由于个人的不同属性和背景，不同人对媒介内容和形式的需求和兴趣也会有所差异，基于这种差异，媒介需要对受众进行准确定位，以便更好地满足其需求，并在传播过程中产生更好的效果。准确定位意味着媒体要对目标受众进行深入分析和了解，了解他们的特征、偏好、需求和行为习惯，在此基础上进行有针对性的内容传播和设计合适的营销策略。网络空间技术的发展为受众的细分化提供了有利条件，也让受众的个性化信息在网络空间上展露无遗。

二、个性化定制的优势

（一）以个性来消解内容同质化的影响

同质化最初是一个经济学概念，主要是指产品或服务竞争到最后阶段出现的产品趋同，消费者很难区分产品质量的差别。此概念被引入媒介传播领域，主要表现为传播内容的重叠和趋同。在信息过剩的时代，大量冗长无效的同质化信息导致受众注意力下降，也影响了媒介的传播效果，人们对这种大规模生产的同质化内容逐渐失去兴趣，开始追求尝试浏览与阅读个性化和差异化信息。而定制服务让受众真正能够阅读“我”的版面、“我”的栏目，满足了受众对信息接收的个性化需求。在充斥大量碎片化信息的社会中，人对于信息的接收和容纳不可能面面俱到。作为接触和使用媒介的受众来说，越是能让他们偷懒、省心省时省力的应用就越能增强他们的好感。例如，今日头条最明显的优势就是降低了用户的阅读成本，如选择成本、筛选成本、时间成本等，同时减轻了用户的阅读和选择困难，这就是用个性消解内容同质化的优秀典例。

（二）以细分化提高受众身份认同

个性是什么？定制是什么？它们的本质就是新媒体对其传播市场的细分化。通过本土化定制，能针对不同地域的人群，发展地方版内容推送；通过对不同层次、不同领域的受众进行量身定制，能进一步让养生、时尚、军事、地产等信息有效扩散到老年人、妙龄女性、中产阶级男性等群体中。借由这种方式，受众也能够更深层次地参与到内容生产中，促进媒介主导型框架向用户主导型框架转变。

（三）以消费黏性增强信息接收效用

对于受众来说，信息获取需求受到其自身习惯、文化水平等因素的影响，受众对信息的需求和选择是基于其自身背景进行社会选择的结果。需求的不同，使得不同类型的新闻都有各自忠实的读者。在这样的情况下，像今日头条那样的定制化信息平台可以使受众无须为阅读某类信息而购买大量无用信息，这在某种程度上提高了受众的媒介阅读忠诚度，使受众满足于按照自我偏好和需求组合的高效率信息接收方式中，达到“我”接收到的新闻信息都能为我所用的目的，实现信息利用价值的最大化。

三、个性化定制的弊端

尽管定制化内容能够满足受众的多样化需求，受到受众的喜爱，但在其发展的过程中，一些不可避免的弊端和陷阱也不断显露出来，我们应该从以下几个方面反思定制化内容：

（一）资讯数量与质量不成正比

只做内容聚合的公司没有自己的采编人员，因此不进行传播内容的采访、编写、摄制，其传播内容以其他媒体的新闻报道为基础聚合而成，这就造成了它的内容较为碎片化。除此以外，它们利用科技手段将信息推荐给用户，但是在发送信息之前并不能进行人工筛选，这使传播内容的质量得不到充分保障，容易产生质量问题。当受众得知其获取的信息其实是来源于其他媒体时，就会下意识降低对内容聚合平台的好感度。

（二）点开并不代表真的喜欢

个性化定制的最终目的是将有价值的内容传递给受众，并唤醒受众。在国外一项调查显示，个性化定制的新闻会使受众视野最先或过多关注不良信息。由此我们需要思考的问题是，今日头条以受众浏览过的信息为基准进行新闻推荐的模式是否真正可行？受众点开新闻是否代表真的喜欢这条新闻并想继续浏览类似的新闻？一个人的消费行为并不一定真正代表着喜欢，往往是偶然或者惯性等多种因素影响的综合结果。在某些情况下，机器和数据分析更侧重于强化已知的模式和结果，并且向用户提供类似的推荐。推荐系统往往是基于过去的行为和兴趣来进行个性化推荐，如某用户访问某个明星的娱乐新闻，推荐系统就会将与该明星相关的其他内容推荐给该用户。然而，在这种情况下，推荐系统未必能够很好地考虑到用户的真正个人兴趣和品位，这可能导致用户在一段时间内接收到相似的推荐，会让用户产生反感情绪。

（三）旧的同质化与新的同质化

手机新闻客户端和新闻定制服务最大的目的就是和其他同类媒体相区别，可以吸引那些有个性的用户，但是随着近年来信息科学技术的持续发展，新闻客户端在技术上的差距已经变得很小，同时各大新闻客户端也都开始重视个性化新闻的发展，朝个性化推送努力。向用户推荐某类信息或者引导用户订阅某类信息已经成为各大新闻客户端的“标配”。再加之不同客户端之间新闻主题、频道内容和关键词的高度重合性，推送信息再次呈现同质化发展趋势。甚至出现伪定制化，一部分存在这种情况的新闻客户端不是以服务受众为目标，而是将个性化推荐作为争抢受众的噱头。

简而言之，虽然新媒体的个性化定制会面临一些问题，但新媒体的个性化趋势具有强大的生命力，这种生命力将随着新媒体发展而日趋凸显。

第三节　新媒体传播智能化

一、人工智能在新媒体上的运用现状

2016 年 3 月，谷歌旗下的围棋人工智能程序战胜了围棋世界冠军李世石，一时间引起全球范围内对人工智能的广泛热议。近年来，各大科技公司纷纷大举进军人工智能领域，如特斯拉、百度的无人车，国际商业机器公司的沃森认知平台，苹果的语音助手，微软的小冰、小娜等。在全球资本转冷的大环境下，人工智能领域仍然能迅速成为各大风险投资基金的追逐热点，2012 年至 2016 年五年间融资额度分别为 3.5 亿、5.8 亿、9.8 亿、12 亿、89 亿美金。“世界互联网教父”凯文 · 凯利（Kevin Kelly）预测：“人工智能会是下一个二十年颠覆人类社会的技术，它的力量将堪比电与互联网。[①]”

从技术角度来看，人工智能与新媒体传播几乎是纠缠在一起的。早在 2010 年，美国一家名叫叙事科学的公司就推出了一款名为奎尔的写作软件，这款软件

① 凯利 . 必然 [M]. 周峰，董理，金阳，译 . 北京：电子工业出版社，2016.

能从不同角度将数字转化为有故事情节的叙述文。奎尔曾被用来撰写电视及网络上棒球赛事的比赛报告，福布斯网站曾使用叙事科学的技术自动制作财报和房地产相关报告等。在此之后，包括英国广播公司、《华盛顿邮报》《洛杉矶时报》、美国联合通讯社等在内的很多国外主流媒体都先后开始尝试使用人工智能。

观察国内新媒体运用人工智能的情况，作者发现人工智能主要应用在机器写作和智能化推荐两个方面（表5−3−1）。

表5-3-1 我国新媒体运用人工智能的传媒企业

机器写作	智能化推荐
腾讯写作机器人（腾讯）	《天天快报》（腾讯）
快笔小新（新华社）	今日头条（今日头条）
张小明（今日头条）	百家号（百度）

写作机器人的特点是快速、模板化。国内最早采用机器写作的是腾讯，腾讯于2015年9月在旗下财经频道用腾讯写作机器人发布了一篇关于8月份消费者物价指数（CPI）的稿件，题目是《8月CPI同比上涨2.0%创12月新高》。稿件主要内容是相关数据和各界评论专家对这些数据的分析解读，在此之后腾讯写作机器人持续发布新闻稿件，来自《2016中国新媒体趋势报告》的数据显示，2016年的前三个季度，腾讯写作机器人写作文章的数量达到了4万篇。2015年11月18日，新华社推出旗下的写稿机器人快笔小新。新华社的写稿机器人操作简单快捷，输入一个股票代码，再点一点鼠标，就能产生一篇财报分析。快笔小新其实就是一种普通的计算机程序，虽然写出来的内容不算完美，但速度非常快。新华社的体育部和《中国证券报》也应用了快笔小新写稿机器人，新华社其他部门均未应用快笔小新。目前来看，国内的机器写作范围有一定的局限性，主要限于财经、体育等领域。今日头条在奥运会期间，推出了旗下的写作机器人张小明。有别于腾讯写作机器人，张小明的写作水平仿佛提升了一个层次，因为速度更快，数据入库两秒内即可生成新闻稿并实时发布。不仅如此，张小明的稿件样式较多且自适应能力强，能够根据多方收集而来的赛前预测和实际赛果之间的差异来生成新闻稿件。尽管张小明与其他写作机器人相比有不少进步，但其实国内的机器人写作仍处于初级阶段。

二、人工智能在新媒体上的普适方向

（一）数据处理

数据已经成为左右当今社会和经济发展的重要因素之一，随着互联网技术的快速发展，人们在日常生活和工作中产生的数据量呈爆炸式增长，无论是社交媒体上的用户生成内容、在线购物的消费数据、医疗健康的病历信息，还是物联网设备的传感数据，都在不断地制造着大规模、多样化的数据信息。在大数据时代，新媒体的数据优势越来越明显，数据成为新媒体发展和运营的关键驱动力。收集数据、管理数据、分析数据、利用数据等每一环节都能为新媒体所用，并产生可观收益，但新媒体中内容的生产者和受众均是人，而人并不擅长去处理这些复杂、多样、烦琐的数据。所以我们将这些工作交给更智能、会成长的机器——人工智能来完成，以快速处理与各种数据相关的工作。对于人工智能而言，数据是其发展的关键和基石。在当今数字化时代，互联网和新媒体的快速发展使得非结构化数据的产生和传播规模变得异常庞大和复杂。人工智能技术能够通过强大的数据处理和分析能力，有效地筛选、过滤、分类和推荐内容。它可以自动进行文本、图像和视频等多媒体数据的理解和处理，帮助新媒体应对当下复杂的信息流和数据量。同时，随着人工智能在新媒体中的应用，新媒体产生的大量数据也为人工智能的学习和发展提供了宝贵的资源，这些数据可以用于训练和改进人工智能模型，使其更加适应新媒体环境的需求，并在未来向受众提供更精准和个性化的内容推荐和服务。通过这种相互协作和共生的关系，人工智能和新媒体可以相互促进彼此的发展，新媒体中产生的数据推动了人工智能的进步，而人工智能的应用又能提供更高效、个性化和有价值的内容和服务，推动新媒体的创新和发展。

（二）语音与图像识别

语音和图像识别是人工智能技术在模拟人类的听觉、视觉和基本语言能力方面的重要应用。在新媒体领域中，视频和音频内容相比图文更加复杂。从制作的角度来看，视频和音频需要制作者掌握更多的技术和专业知识，包括摄影、剪辑、音效设计等；制作高质量的视频和音频内容更是需要更多的时间、精力和资源投入。从传播的角度来看，视频和音频内容涉及更广泛的技术支持和网络带宽需求；视频和音频文件的传输和播放需要更大的带宽和存储空间，同时也要求设备和平台能够支持流畅的播放和交互体验。此外，对于新媒体来说，审核视频和音频内容也是一个重要的挑战。相比图文内容，视频和音频更容易涉及版权问题、隐私问题、暴力等敏感内容，需要更严格的审核和管理。在新媒体领域中，人工智能技术可以通过语言和图像识别来帮助用户更高效地获取信息，帮助内容创作者和广告主更好地进行内容推广和营销，并加强审核和监测能力，提升内容质量和用户体验。

（三）机器学习与深度学习

人类把自我意识赋予机器硬件将会是一个递进的过程，机器学习的核心目标是通过让计算机从海量数据中提取并学习有用的模式和规律，以帮助人类进行预测、决策和解决问题。它不是通过演绎方式（从前提中推导出结论）学习知识的，而是通过归纳和综合的方式进行学习。机器学习的方法和技术非常多样化，包括监督学习、无监督学习、强化学习等，监督学习依靠标注的训练数据进行学习和预测；无监督学习从未标注的数据中自动学习模式和结构；而强化学习则基于奖励和惩罚机制来优化机器的决策过程。通过机器学习，计算机可以从数据中进行学习并不断改进自己的性能，进而学会处理复杂的任务，包括语音和图像识别、自然语言处理、推荐系统、智能驾驶等。机器学习的应用遍布于人工智能的各个领域，功不可没。在新媒体环境中，由于技术和市场的快速变化，新媒体人必须持续学习和更新知识，以保持与时俱进的竞争力。同时，面对来自不同用户和社会的多重需求，人工智能的应用也成为探索和解决新媒体传播问题的一个重要途径。人工智能技术可以通过利用大量数据进行试错和调整，提高算法的精准度和性能，并以低成本、高效、快速的方式满足新媒体的各种应用需求。例如，在新媒体内容的推荐和个性化定制方面，人工智能技术可以根据用户行为和偏好，推荐他们感兴趣的内容，提高用户的满意度和忠诚度。在广告投放和精准营销方面，人工智能可以根据用户的行为和数据分析，为广告主和营销人员提供更准确的目标受众。

（四）算法

算法是一种对解决问题的方法、步骤的描述，是人工智能思考和处理问题的基础核心。它可以被看作一种方法论，通过定义明确的步骤和逻辑，指导人工智能在处理特定问题时的操作和决策。如百度、今日头条的内容分发，正是基于人工智能算法，将内容根据用户的兴趣和偏好进行个性化分发。这种个性化的内容分发是人工智能依靠大量的数据积累和维度刻画来实现的。当用户长期使用某种新媒体应用浏览内容时，其阅读行为会不断被记录和反馈到数据库中，这些数据可以包括用户的阅读习惯、兴趣爱好、点击历史等。通过对这些数据的分析和挖掘，平台可以逐渐清晰地了解每个用户的画像，即总结归纳得出用户的特征和喜好。根据用户的画像信息，平台可以利用人工智能算法进行推荐和内容个性化分发。通过实时分析和匹配，平台可以将与用户最相关、对用户最有吸引力的内容推送给每个用户，从而提高用户的阅读体验和用户黏性。通过对用户行为数据的分析和挖掘，人工智能算法可以识别出不同用户之间的共同特征，一旦得到了用户群体画像，算法就可以为每个群体配置适合其特点和需求的内容。通过综合之前累积的数据以及对每个群体的实时分析，算法可以运算出最符合用户群体需求的内容推荐。

三、人工智能在新媒体中的潜能

（一）人工智能帮助新媒体提高效率

1. 内容制作

新媒体领域的竞争非常激烈，而新闻的时效性和准确性是其吸引用户的重要因素之一。在内容生产上，人工智能可以成为人类最得力的助手。首先，人工智能可以利用自然语言处理和信息检索技术，从网络上搜索和分析相关文章、图片、视频等素材，利用自然语言处理技术和机器学习算法，帮助新媒体人检查文章中的语法错误、标点符号错误以及拼写错误等问题；其次，在将文字转化为视频的过程中，人工智能可以利用文本到图像的生成模型和技术，根据文字内容生成相关的视觉元素，如图像、动画、特效等，从而根据文字内容创作出具有视觉效果的视频。人工智能也可以将文字内容转化为音频，通过语音合成技术生成自然流畅的语音输出；最后，在标准化、结构化程度高的领域，人工智能的效率通常会有更出色的表现。例如，对于一些规范性文本，如法律文件、报告等，人工智能可以利用自然语言处理技术和文本分析算法，快速理解其中的结构和语法规则，完成自动化的文本分类、摘要提取和标准化格式转换等任务，大大提高新媒体的工作效率和其内容的准确性。另外，在体育世界中的一些领域如橄榄球、棒球、冰球等，这些运动在中国不是主流体育项目，相关赛事较少，但这些冷门体育赛事的关注者数量并不容小觑。媒体如果花过多人力与精力去跟进，所获得的收益与相应投入大概不会成正比，不过如果交由人工智能来完成这些工作，则省去了不少人力消耗，并帮助媒体积累了一些长尾流量，由此获取更高的收益，以前因为人力不足或关注度不够而被迫抛弃的新闻信息，可以由人工智能代为生产。

2. 内容审核

随着新媒体产出内容的急速增加，人工智能已成为网络审核的重要手段。传统媒体中有“把关人”，网络媒体同样需要审核人员提高质量和控制内容，但大数据环境下出现的海量内容，已经超出人工审核的能力范围，这时候人工智能就被派上了用场。人工智能可以学习算法技术，对海量数据进行自动分类、过滤、审核等处理。举例来说，人工智能在审核方面的优势之一就在于它能够对具有多义性等特点的关键词进行更为精确的识别，相较于以往机械化的关键字屏蔽方式，人工智能审核可以更加准确地识别文章中的违规信息，作为一种大数据分析技术，人工智能能够分析文章的语言、句法、语义等多个要素，在此基础上，人工智能能够更加准确地辨别文章中的违规信息，如敏感词汇、恶意营销等。通过人工智能审核，大量的文章可以被快速地进行筛选和分类，并且可以标记出存在问题的文章，以便网络审核人员进行下一步的审核和处理。同时，在网络环境动态变化的情况下，人工智能通过不断的学习和优化，可以审核处理新的违规行为，并更新其审核规则，以保持系统的准确性和审查效率。如图 5−3−1 所示。

图 5-3-1　人工智能内容审核学习期

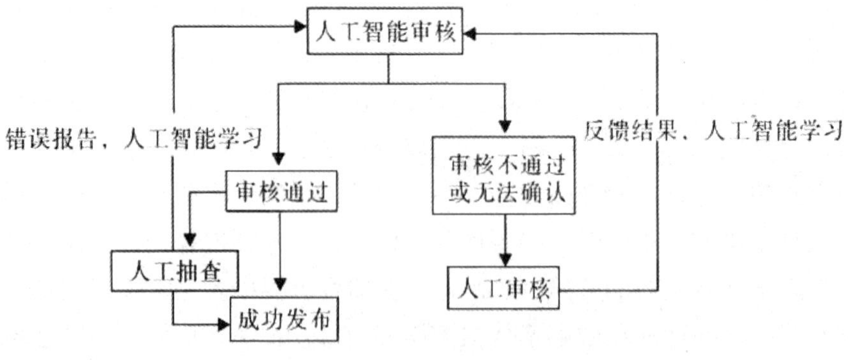

图 5-3-2　人工智能内容审核应用期

当网络审核人员处理完人工智能的标记后，人工智能会记录并学习网络审核人员的处理行为，当数据量足够多时，人工智能经过学习后就能进一步提升自己的审核能力，这极大地降低了网络审核人员的工作压力并提升了整体的审核效率。对于视频、音频内容，人工审核通常要完整地浏览视频内容或者冒着漏审的风险进行片段抽查，但这两种方法都无法把时间成本和风险降到最低，而人工智能可以在同一时间通过节点逐帧分析全内容片段，当分析出像素点的组合画面存在违规时，人工智能会对该内容进行标记并进行相应处理和学习（图 5-3-2）。

3. 内容分发

在内容分发上，以往的一些新媒体平台如搜狐网、雅虎、百度等网站及其移动端的做法通常如下：第一，按时间或点击量的顺序来将内容展示给受众；第二，以编辑推荐和精选的形式来将内容展示给受众；第三，依靠受众搜索或定向关注来展示内容。但受众的兴趣口味、所需要了解的信息都有所不同，甚至更多时候受众可能并不知道自己需要哪些信息，针对这种情况，今日头条是一个典型的成功案例，它运用人工智能算法在内容分发上战胜了比它更有流量优势的百度。人工智能在内容分发上确实可以大有可为，它会记录受众的行为，并将这些行为归类，为每一个受众绘制出一份专属的图表，受众的行为和特点越多，人工智能收集的数据会越多，所绘制的图表将会越详细。如受众的地理位置、兴趣爱好、政治偏向甚至是情感状态，一旦人工智能掌握了受众的这些相关信息，便可以精准地将内容分发给特定的、最有可能需要这些信息的受众，如人工智能通过判断受众的地理位置分发当地新闻和交通信息，而当地新闻和交通信息对于其他区域的受众而言几乎是没有价值的。人工智能通过算法分析出受众可能会感兴趣的内容，优先将这些内容展示给受众，以最快速度实现内容对于受众的价值，通过高匹配值加快内容从被分发到被受众打开的速度。

（二）人工智能帮助新媒体受众改善体验

1. 阅读方式

过去，PC 端是主要的信息获取终端，但现在移动设备，特别是智能手机，已经成为人们获取信息和媒体内容的重要工具。为了迎合移动设备的普及和用户习惯的改变，许多传统的媒体平台也意识到了移动端的重要性，纷纷推出了移动应用和移动网站，这些移动端应用和网站可以更好地适应小屏幕设备的使用环境，提供更友好、便捷的阅读和浏览体验。目前，中国互联网用户人均拥有智能设备数量为4.1个，他们对智能设备的使用行为在不断切换，在办公室使用笔记本电脑等设备处理工作；路途中使用智能手机；回到家后会使用智能电视、VR虚拟现实等设备休闲娱乐；而晚上出去跑步的时候会使用更加方便的智能手环、智能手表，越来越多的人正在使用不止一种智能设备。不少科技专家认为，未来人们切换使用智能设备的频率会不断增加，但是这也意味着每次切换设备需要进行重复的指令动作，白白消耗时间，而人工智能的加入是改善智能设备受众体验感的关键。人工智能像一个庞大的系统，连接着受众的每一个智能设备，无论受众切换至哪种智能设备，只要这些智能设备被同种人工智能覆盖便能建立联系，如此一来，受众即便切换了智能设备使用场景，他的阅读也不会被中断。例如，有人在地铁上使用智能手机阅读文章，当他到站下车后，他的视线被人群阻挡或者需要用眼睛看路，这时人工智能将识别到他的阅读场景和需求，将文章以语音的形式在他的智能耳机中继续播放，毕竟人的听觉也是接收外界信息的重要渠道，且听觉的接收难度比视觉要低，这样此人便能完整地阅读内容而不被中断。

新媒体的不断进化是一个漫长的过程，人工智能将会一直贯穿其中，帮助人类随时应对各种情境切换，使现代人的生活更加智能。

2. 阅读喜好

每个人的喜好是有区别的，从心理学角度出发，投其所好能带来更好的体验。但要掌握一个人的爱好并不是容易的事情，需要花时间去了解和记录这个人的一举一动，没有人工智能的帮助，现阶段的新媒体很难做到这点。前面提到了人工智能会通过收集受众的阅读行为来生成针对该受众的数据图像，并围绕着受众的喜好来分发内容。当人工智能拥有了受众的数据图像后，能够针对受众的阅读喜好来讨好受众。以一个具体情境来说明：某女士是美国民主党的支持者，非常关注美国政治方面的内容，媒体平台的人工智能系统推送给她的消息通常是民主党派的利好消息以及共和党派的负面消息，从而让她觉得她正在使用的媒体平台是和她站在同一阵线的，她使用该媒体平台时对媒体平台的认同感以及她的阅读体验都会大幅提升。当美国总统竞选的结果公布后，若民主党人当选美国新任总统，该媒体平台则会以最快的速度向该女士传播这一消息；若共和党人赢得总统选举则不推送相关消息。这使得该媒体平台看起来似乎永远都在传递让该女士顺心的好消息，而坏消息总是来自其他媒体平台，如此一来，人类的心理因素会使得这位女士更偏向于长期使用传播好消息的媒体平台。因为对她而言，这样的媒体平台使用体验更佳，所以满足用户阅读喜好的体验将会是新媒体的发展方向。

3. 阅读延伸

传统媒体是没有链接这个概念的，如果想要延伸阅读或观看，得去相关机构浏览更多相关资料才有可能获取想知道的结果。虽然网络中的超链接技术能将一个个物体、事件、地点、时间联系在一起，但是如果内容制作者没有那么贴心，没有将相关文章联系在一起，受众也只能花费心思去搜寻前后文；互联网百科全书也并不会完整收录任何细小或者最新发生的事件，受众可能依旧得不到想要的答案。而在视频方面，例如，某场球赛出现了新面孔，却缺少了对新面孔的介绍，我们可能很难马上知道这个新面孔是谁；我们想知道怎么购买电视剧中出现某个物品，但因为不知道其名称而无从下手。新媒体发展到现在，受众的搜索、阅读等仍然受到一定的限制。简单的人力根本无法解决现代新媒体传播中的全部问题，仍需要人工智能乃至于整个新媒体行业的力量积极参与、携手共同面对新媒体当道的未来。

参考文献

[1] 宫承波．新媒体概论[M].9 版．北京：中国广播影视出版社，2021.

[2] 彭兰．新媒体用户研究[M]. 北京：中国人民大学出版社，2020.

[3] 勾俊伟，刘勇．新媒体营销概论[M]. 北京：人民邮电出版社，2019.

[4] 方伟．新媒体与社会发展[M]. 北京：文化发展出版社，2019.

[5] 哈默．新媒体写作平台策划与运营[M]. 北京：人民邮电出版社，2017.

[6] 秋叶，刘勇．新媒体营销概论[M]. 北京：人民邮电出版社，2017.

[7] 吴炜华．新媒体传播导论[M]. 北京：中国传媒大学出版社，2021.

[8] 罗小萍，李韧．新媒体传播及其效果研究[M]. 北京：中国广播影视出版社，2018.

[9] 刘曌琼．现代新媒体运营与传播策略[M]. 北京：中国商业出版社，2021.

[10] 郑亮，徐维岭．新媒体平台视频内容生产与我国国际传播能力提升研究[J]. 中国编辑，2023（11）：84−89.

[11] 高语．新媒体时代数字音频技术在新闻传播中的创新应用研究[J]. 传播与版权，2023（20）：1−3.

[12] 赵永章．新媒体视角下新闻摄影传播创新探究[J]. 全媒体探索，2023（10）：68−71.

[13] 魏康，汤宝庚．政务新媒体“通俗化”创新传播策略研究[J]. 中国地市报人，2023（10）：51−52.

[14] 闫婷．大数据时代新媒体的应用与发展趋势研究[J]. 新闻研究导刊，2023，14（20）：99−102.

[15] 安利．融媒体视域下新媒体语言传播创新路径[J]. 中国传媒科技，2023（10）：134−137.

[16] 廉亚静．媒体融合背景下传统媒体创新发展的路径探析[J]. 新闻研究导刊，2023，14（19）：70−73.

[17] 杨有韦 . 新媒体时代文化新闻传播创新发展研究 [J]. 记者摇篮，2023（9）：138-140.
[18] 张秀丽 . 从并立到融合：中国新媒体传播研究进路考察 [J]. 青年记者，2023（17）：5.
[19] 田敏 . 新媒体时代新闻传播的特征与创新路径分析 [J]. 城市党报研究，2023（9）：78-80.
[20] 胡家瑄 . 新媒体时代新闻公共性的特征、困境与建构策略研究 [D]. 贵阳：贵州民族大学，2022.
[21] 杨青峰 . 智能化转型重塑传统媒体竞争优势的机理与路径研究 [D]. 北京：中国传媒大学，2022.
[22] 李胜男 . 基于故事与话语视角的新媒体广告叙事研究 [D]. 杭州：浙江工商大学，2022.
[23] 韦雅楠 . 信息生态视角下企业与用户的新媒体信息交互研究 [D]. 长春：吉林大学，2020.
[24] 邹慧 . 新媒体时代思想政治教育创新研究 [D]. 武汉：武汉理工大学，2018.
[25] 李明海 . 媒体融合语境下高校传媒人才培养模式创新研究 [D]. 重庆：西南大学，2017.
[26] 李琦 . 新媒体时代下视觉传达设计的创新与发展 [D]. 开封：河南大学，2016.
[27] 赵莉 . 新媒体科学传播亲和力的话语建构研究 [D]. 合肥：中国科学技术大学，2014.
[28] 王勇 . 媒介融合背景下我国广电全媒体发展研究 [D]. 武汉：武汉大学，2013.